映画は文学をあきらめない——ひとつの物語からもうひとつの物語へ

イントロダクション
——小説と映画のはざまで

J・D・サリンジャーは映画好きで知られていた。人気の絶頂期にニューヨークを去り、移り住んだニューハンプシャー州の一軒家には一六ミリフィルムを映すプロジェクターがあり、そこで数々の映画を鑑賞していたほどの熱の入れようだった。時には人を招いて、ポップコーンを自分で準備していたようだ。それほどのサリンジャーがなぜ自作の映画化を嫌ったのか。

事の発端は彼の短編の「コネチカットのひょこひょこおじさん」(『ナイン・ストーリーズ』所収)が《愚かなり我が心》(一九四九)として映画化されたことだ。そのあまりのできの悪さにサリンジャーは激怒し、この映画を「ゴミ」とさえ思ったようだ。どうすれば自身の作品からこれほど「感傷的な焼き直し」ができるのか理解できなかったのだ。「あそこまで別のメッセージを持つ作品なんだから、もはや自分の作品とは何の関係もないと感じていた」(『サリンジャー』256)。以来彼は二度と自分の作品を映画には売らないと決めたのだ。「作品は自分の子供のようなもので、子供が映画に汚されてしまった」(同書259)と彼は考えたのだ。しかし、それは彼が安易なハリウッド映画に嫌悪感を抱いていたにすぎないのであって、「芸術形式としての映画」に関してはまったく別の話だった。彼は映画を心から愛していた。ただ、この一件以来、映画に対する「複雑な感情」(同書261)を抱くようになったのだ。

このことはF・スコット・フィッツジェラルドの場合にも当てはまる。映画の黎明期に作家デビューを果たした彼は、無声映画からトーキーへと移行する時期にその絶頂期を迎え、その後下降線を辿る中、最後の時期をシナリオ作家としてハリウッドで過ごしている。この時の経験を活かして書かれたのが『ラスト・タイクーン』（一九四一）だが、この作品には映画と小説のはざまで悩むフィッツジェラルドの職業作家としての姿が見事に反映されている。活字文化のなかに映像という新たなメディアが登場した時代においては、それは当然の反応であった。

主人公のモンロー・スターはハリウッドに君臨する大物プロデューサーだが、最後にはその座を追われ、まさしく「最後の大君《ラスト・タイクーン》」となるのである。そこには経営者側と製作者側の葛藤が存在する。エリア・カザン監督の《ラスト・タイクーン》（一九七六）にも描かれているが、スターが五セント硬貨を使ってシナリオの作成に疑問を抱く作家を説得する場面がある。映画はつまりコラボレーションだと力説するところだ。ここに小説と映画の制作上の根本的な違いがある。

このように自信に満ちあふれたスターではあるが、海岸で出会ったある黒人の言葉にその姿勢を改める。彼はエマソンを愛読するインテリで、「映画には絶対行かないね」、「得がないからさ。うちの子供にも絶対行かせない」と言う（93）。この黒人との会話のあと、スターの映画に対する姿勢はがらりと変わる。商業的な映画産業の世界に没頭するなかで、自分が何かを失いつつあることに気づいたのだ。

この後スターは製作プランを変更する。会社の幹部連中に向かって、利益を失ってでも質の高い映画を作るべきであり、映画人としての大衆に対する義務を果たすべきだと主張するのだ。フィッツジェラルドは、スターを必ずしも否定的には描いていない。もし商業的ではなく、質のいい映画を作れば、映画にも未来はあると考えていた。ただ、結果的にそれは資本主義に押しつぶされてしまう。こうした中で、彼は映画本来の持つ潜在的可能性を認めつつも、現実には、やはり作家として「文章による」伝達手段をあくまでも信じたいと考える。そのはざまで葛藤するのである。

商業的に売れればいいのか、それとも芸術性を求めるのかの問題だ。ハリウッドがもしサリンジャーの短編を芸術的なものに仕上げていたら事態は違っていただろう。ただ単に原作からインスピレーションを得ただけの、安易なシナリオによる小説の映画化は原作者へのある種の冒涜であることは否定できない。そこには原作の精神《スピリット》が残されていなければならない。

サリンジャーが『ライ麦畑でつかまえて《キャッチャー・イン・ザ・ライ》』の映画化を拒否したことは有名な話である。巨匠エリア・カザンの申し出をはねのけたわけであるから、その決意はよほど堅いものであったのだろう。結局サリンジャーはこの世を去り、映画化の実現性は完全に消えてしまったのか、あるいはその遺言で何らかの可能性を残しているのかはわからない。いずれにせよ、今のところその希望は絶たれているわけだが、「視覚化」されたものがあると尾崎俊介は指摘する。それは本の表紙だ。

確かにハードカバーのダスト・ジャケットにしろ、ペーパーバックの表紙にしろ、それは小説の一つの解釈である場合もあるのだ。映画とは違い、たった一枚の絵ではあるが、それは小説が視覚化されたものであることに違いはない。むしろ、ひとつの場面に小説全体のテーマを込めなければならない点、そこには映画以上の密度があると言えるかもしれない。まさに一枚の絵に凝縮された小説世界であり、それはれっきとした翻案である。

＊

翻案《アダプテーション》とは何か。それはひとつの物語からもうひとつの物語を作り出すことだ。そうしてできあがったものは独立した作品である。それでは、小説を映画に翻案するというのはどういうことなのか。ロバート・アルトマンを例に挙げると、彼はレイモンド・カーヴァーの九つの物語と一編の詩を混ぜ合わせ《ショート・カッツ》（一九九三）を製作した。アルトマンはこの映画のカーヴァーへの忠実度についての質問にこう答えている。

すべてが「カーヴァー」の物語、あるいは作品の断片だったり一文を下敷きにしたものでね。だからクレジットにもどれか一作の名ではなく、「カーヴァーの著作に基づく」と記してあるんだ。カーヴァーという素材をあわせて煮込んだ「カーヴァー・スープ」と私は呼んでいた。（アルトマン 215）

そういえば、第八七回アカデミー賞の作品賞を受賞したイニャリトゥ監督の《バードマン》

（二〇一四）も同じくカーヴァーの短編と詩を基にしているが、それがカーヴァーの世界を忠実に描いているかというと、その答えはむずかしい。あくまでもカーヴァー作品に基づいているとはいえ、観るものによってはそのままカーヴァーだとは言えない部分もあるかもしれない。ではそれは原作に忠実ではないということになるのだろうか。アルトマンは、さらにこう言っている――「誰かの書いたものをどこまでも純粋に映画化するなんてできないだろうね。技術的には忠実でも、それが感情的な真正さを意味するわけではないのだから」。（同書 215-16）

アルトマンはカーヴァーが「ささやかな日々の出来事」から物語を紡ぎ出している点に魅力を感じた。そこに描かれているのはみなごく普通の人々である。しかし、そこにある「ありきたりの日々の出来事が感情的に深遠な重みを持ち得る」と考えた。彼はそこから映画という手段でカーヴァーの世界を構築しようとしたのだ。これこそが翻案なのではないだろうか。

> 「カーヴァー」の短編は構造がきっちりと固まっていないので誰も自動的に映画化を検討したりはしないだろう。でも私はこの物語を即、映画として思い描いていた。物語を読む中で浮かんでくるイメージと台詞を混ぜ合わせ、こっちの物語と別の物語の一節とを付き合わせ（中略）脚本を書き始めた。（同書 214）

カーヴァーの複数の作品を読んだ読者がみな一様に同じカーヴァー観を持つとはかぎらない。しかし《ショート・カッツ》にはアルトマンの思い描くカーヴァー世界が展開されているのだ。

それはアルトマンという一読者の解釈なのだ。

映画では二時間、あるいは一時間五〇分の中に全てを収めなくてはならないという枠がある。小説にはそんなものはないだろう。だから小説を映画化する場合には原作を相当に凝縮することになる、小説にはものすごい量の情報があるんでね。それでもいいものを撮るというのは至難の業だ。その点、短編はうまく映画にはまるんだな。(同書216)

確かにその通りだ。にもかかわらず、小説が映画化されたものを見るとき、多くの場合、まずその忠実度を論じようとすることが多い。しかしそれはそもそも不可能なことなのだ。かりに短編の場合でも、それを物語の展開に沿ってそのまま映像化し、二時間以内に収まったとしても、それはどういう作品になるのだろう。想像しただけで見る気にはなれないのではないか。読者は多くの情報量のなかから自分なりに編集をしてその作品世界を構築しているはずだ。映画の場合もそれと同じである。それがつまりは翻案ということになるのだ。

映画にはまた原作にはない場面が挿入されることもある。《ショート・カッツ》では地震の場面が描かれている。このアイディアに関して、アルトマンはこう説明している。

地震を盛り込んだのはそれぞれの挿話をひとつにまとめるものが欲しかったからでね。地震が起きて誰かが怪我をするというように筋に絡むわけではない、ただ単にそこで起きる地震なんだな。そうであっても観客はやはり関心を払うんでね。個々の挿話を繋ぐ糊の役割になる。登場人物の全員に共通の体験を与えてすべてをひとつに包み込むためのものと言うのかな。地震があればその時、人生に劇的な事件が起きている誰かも確実にいる筈だと私は思うわけだ。（同書219）

監督が小説から得た感覚をイメージに置き換えたものをわれわれは見せられることになる。それが映画を観るということだ。その結果、読者一人ひとりの感覚は失われていくことになる。しかし、問題はそのあとに何が残るかだ。何かが失われる代わりにわれわれは何かを得ることができなければならない。それがなければ、映画を観ることにそれほどのメリットはないと言える。ただの暇つぶし、エンタテインメントでしかなくなる。

＊

小説の映画化には多くの困難がのしかかる。それでも映画は小説の翻案をあきらめない。同じ作品が何度も映画化されることも珍しくない。それはやはりわれわれが名作とされる文学作品の映画版を観てみたいと思うからである。ベストセラーとなった作品がどう映像化されるのかに興味があるからなのだ。作家によっては、自作の映像化にあまりこだわらない人もいる。たとえば、カズオ・イシグロがそうだ。逆に村上春樹は『ノルウェイの森』（一九八七）の場合、最終的に許可を出すまでにかなりの時間を要している。それは映画に対する捉え方の違いから来るのだろう。サリンジャーの場合もそうであったにちがいないが、作家が自作の映画化に気乗りがしないのは、ひとつにはイメージが固定されてしまうことを恐れるからだろう。読者から想像する自由を奪い取ることになるからだ。それは作家にとっては実に悩ましいことにちがいない。最終的には、映画は自分の手を離れた別の作品だと割り切れるかどうかにかかってくるようだ。

以上、文学と映画の関係について、あるいは現在も頻繁に行われる文学作品の翻案ということについてあれこれ述べてきたが、そもそも本書のスタート地点はそこにあった。これらを基本テーマとして原作とその翻案である映画の相関関係を今一度考えてみようという試みから出発したものだ。結果的には、「文学と映画のスープ」のようなものになっているかもしれないが、その味を存分に味わっていただければ幸いである。

（編者）

参考文献

アルトマン、ロバート『ロバート・アルトマン――わが映画、わが人生』デヴィッド・トンプソン編、川口敦子訳、キネマ旬報社、二〇〇七年

尾崎俊介『ホールデンの肖像――ペーパーバックからみるアメリカの読書文化』新宿書房、二〇一四年

Salinger, J.D. *Nine Stories*. New York: Little, Brown and Company, 1991.『ナイン・ストーリーズ』柴田元幸訳、ヴィレッジブックス、二

〇一二年
シールズ、デイヴィッド、シェーン・サレルノ『サリンジャー』坪野圭介、樋口武志訳、角川書店、二〇一五年
ハッチオン、リンダ『アダプテーションの理論』片渕悦久、鴨川啓信、武田雅史訳、晃洋書房、二〇一二年
Fitzgerald, F. Scott. *The Love of the Last Tycoon: A Western.* Ed. Mathew J. Bruccoli. Cambridge: Cambridge UP, 1993.『ラスト・タイクーン』大貫三郎訳、角川文庫、二〇〇八年
メンデルサンド、ピーター『本を読むときに何が起きているのか――ことばとビジュアルの間、目と頭の間』細谷由依子訳、フィルムアート社、二〇一五年
DVD《愚かなり我が心》、ジュネス企画、二〇一三年

目次

イントロダクション――小説と映画のはざまで

I　村上春樹『ノルウェイの森』――言葉の感性を映像化する手法　宮脇俊文　17

大ベストセラー小説『ノルウェイの森』の映画化を買って出たのはベトナム系フランス人のトラン・アン・ユン監督だった。原作の中に封じ込められた登場人物や時代の「記憶」は、どのように精緻に映像化されたのだろうか。

II　カズオ・イシグロ『日の名残り』――諦めの文学をいかに表現したか　挾本佳代　43

執事を主人公にし、イギリスの斜陽をみごとに描写した小説『日の名残り』の核心部分には、「諦め」の感情がある。言葉で明言されることなく、作品全体の重低音として流れているこの感情は、映画ではどのような方法で表現されているのだろうか。

III　映画の「動くイメージ」が小説家の意識を変えた――フィッツジェラルドとヘミングウェイの場合　宮脇俊文　66

映画の黎明期に小説家として活躍していたフィッツジェラルドとヘミングウェイは、とりわけ次々にイメージが動いていく映画ならではの特質をどのように小説に落とし込み、反映させていったのだろうか。

Ⅳ　フィッツジェラルド『グレート・ギャツビー』が描いたアメリカ社会
――消されたジャズ・よみがえるジャズ　宮脇俊文　89
ジャズ・エイジに誕生しながらも、小説『グレート・ギャツビー』の中でジャズは封印されてしまっているかのようだが、バズ・ラーマン監督はそれを前面に押し出している。ジャズを通して、ラーマン監督はどのようにフィッツジェラルドの世界を描こうとしたのだろうか。

Ⅴ　近世小説を近代的価値観で描いた溝口健二映画
――上田秋成『雨月物語』と井原西鶴『好色一代女』　田中優子　119
近世に誕生した『雨月物語』と『好色一代女』は「短編集型小説」とも呼ぶべきものである。ともに溝口健二監督によって映画化されているが、溝口はどのような近代的視点と価値観でこれらの世界観を表現したのだろうか。

Ⅵ　二つの『楢山節考』――木下恵介の「様式の美」、今村昌平の「リアリティの醜」
挾本佳代　137
同じ原作の映画でも、監督が違えば読み方や視座の据え方により、表現される世界観がまったく異なる場合がある。《楢山節考》の場合、寒村に生きる人々の共同体が直面する現実を、木下恵介と今村昌平の二人の監督はそれぞれどのように描いているのだろうか。

Ⅶ　**翻弄される身体**——『色・戒』と《ラスト、コーション》　晏妮（アンニ）　161

体制に翻弄されながらも性愛に目覚めていく女の悲劇を描いた張愛玲の小説『色・戒』は難解な作品であるとされてきた。原作にはない過激なセックスシーンが盛り込まれ、性愛の深淵が描かれた映画《ラスト、コーション》が翻案として成立しえた核心部分はどこにあるのだろうか。特別寄稿エッセイ。

Ⅷ　**安部公房『燃えつきた地図』**——都市の危うさを、勅使河原宏はこう表現した
デヴォン・ケーヒル（金原瑞人、井上里訳）　174

戦後の復興が進む都市の中で生きる人間の象徴として、安部公房は探偵を主人公に『燃えつきた地図』を描いた。勅使河原宏監督はノンフィクション的な映像を用いて探偵が追い詰められていく状況を撮ったが、その意図はどこにあるのだろうか。

Ⅸ　**「生き方」を問いかけるドキュメンタリー映画もまた文学**　池内　了　194

公害や社会闘争の爪痕が残る阿賀野川流域や三里塚が舞台のドキュメンタリー映画は、権力に屈せず、信念を持って生きる人々の人間性を描き出し、我々に生きる希望を与えてくれる。それはまさに文学そのものである。物理学者である著者にとっての「文学」がドキュメンタリーの映像の中に浮かび上がる。そこには社会的弱者への優しい眼差しがある。特別寄稿エッセイ。

Ⅹ　篠田正浩（映画監督）インタビュー　映画は文学の隙間を映像化する　213
一九六〇年から映画監督として活動してきた篠田正浩氏は、常に原作と映画の位置関係を模索し、原作の底流に潜む日本の文化、エキゾチシズム、人情を織り込みながら映画作品を作り上げてきた。現在、メガホンを取ることをやめた篠田氏に改めて文学と映画の在り方を尋ねた。

Ⅺ　山田太一（脚本家）インタビュー　原作を翻案する脚本家という難しい役割　258
「岸辺のアルバム」「ふぞろいの林檎たち」など多数の人気テレビドラマの脚本家である山田太一氏に、脚本を手がけた映画《少年時代》の撮影秘話を尋ねた。山田氏自身の小説が映画化された《異人たちの夏》の話からは、翻案である映画の難しさや限界が浮かび上がってくる。

あとがき　273

執筆者プロフィール　276

I

宮脇俊文

村上春樹『ノルウェイの森』
――言葉の感性を映像化する手法

《ノルウェイの森》
(アスミック、フジテレビ)

風景画の中の物語

記憶というものは実に厄介なものだ。望んでもいないのに突然よみがえり、そして人を苦しめ始める。何の脈絡もなく一気に押し寄せてくる。それはあまりにもリアルで、時に圧倒されてしまいそうになる。いや、何らかの脈絡はあるのかもしれない。人は単にそれに気づかないだけなのだろうか。おそらく何らかのきっかけはあるのだろう。三十七歳のワタナベに聞こえてきたビージーエムの「ノルウェイの森」のように。それはプルーストの『失われた時を求めて』(一九一三―一二七)に似ている。村上春樹の『ノルウェイの森』(一九八七)は、きっかけは匂いではなく音だった。この小説は現在から十八年前に遡り、あの祝祭的で哀しい一九六〇年代が終わろうとしていた時代へと読者を誘う。

しかし、われわれ読者は「当時と今が渾沌とした状態」（メンデルサンド108-09）となり、どちらがどちらかの区別がつかなくなってくる。もしかしたら、今ルフトハンザの機内にいる現在のワタナベは記憶の中の十九歳のワタナベであり、それをあたかも現実であるかのように捉えているのかもしれない。それは、過去（当時）ではなく、「今」なのだ。少なくとも、時間的には十八年という歳月が経過しているわけだが、ワタナベ自身の中では、時は動かないまま今に至っているようだ。つまり、過去と現在が入り交じり、そして新たな現在が形成されている。それは、切り取られて隔離され、まるで永遠の現在と化しているかのようだ。少なくとも読者はそのようにこの小説を捉えるのではないだろうか。それは、どこにも行かず、ずっとそこで展開されているのだ。まるで一枚の風景画のように。

作家の中森明夫は、「初読から二十三年、初めて私は『ノルウェイの森』という小説のその本質を真に理解したように思ったのである。そう、映画版を見ることによって……」と語る。われわれは二十三年前のベストセラー小説の映画版を観ることで、ワタナベのように二〇年前を回想することになるのだ。したがって、そこに冒頭の飛行機の場面はなくても、すでにわれわれは回想という行為をしていることになる。中森はこの小説が他のフラッシュバック形式小説と違うのは、「物語のラストで主人公が回想する現在時に帰ってこないこと」だという。「緑に電話しながら、『ぼくはどこにいるんだろう？』とか呟いて過去の時間の中に宙吊りのまま置き去りにされて幕を閉じる。これは（中略）小説の倫理に反しているという印象さえ受ける」。確かにそうだ。同じくフラッシュバック形式の小説であり、ワタナベの愛読書でもあるフィッツジェラルドの『グレート・ギャツビー』（一九二五）においても、その語り手のニック・キャラウェイはちゃんと現在に帰ってくる。

確かに『ノルウェイの森』の主人公は現在に戻ってこない。過去のある時点に留まったままである。そこで中森はこの作品の二年前に発表された『世界の終りとハードボイルド・ワンダーランド』との共通点を指摘している。これは「私」を主人公とする「ハードボイルド・ワンダーランド」と「僕」が主人公の「世界の終り」の二つの世界が交互に語られる物語である。前者が「動」の世界で、後者が「静」の世界だ。この作品から二年後に『ノルウェイ』が発表されたことも重要な点だ。

今、ハタと思いあたる。最後に現実回帰しない「世界の終り」は、そのまま主人公が現在時に回帰しない『ノルウェイの森』のラストとみごとに対応しているではないか！　つまり、こういうことだ。『ノルウェイの森』は断じて単純なリアリズム小説などではない。あれはこの世のどこにもない、いつの時代にもありえない、そんな特別な場所での出来事を描いた物語ではないか？……という事を、実は映画版『ノルウェイの森』を観ていて気づかされたのである。（「SWITCH」45）

このように中森は、『ノルウェイ』を「世界の終り」の光景として捉えている。それはまさに風景画のごとく閉じられた世界なのだ。登場人物はそこからどこにも行くことはない。まるで回転木馬のようにぐるぐる回るだけなのだ。そんな光景は映画版にも描かれている。一つは、ワタナベが緑の家に招待された時、二人が部屋の中をぐるぐる回りながら話す場面であり、さらに草原において、直子とワタナベによる同様の場面が展開される。彼らは同じ場所を行ったり来たりしながら会話をするのだ。トラン・アン・ユン監督は、この小説をこのように理解し、映像化した。彼はヴェネチア映画祭で、「物語をノスタルジックにせず、ワタナベが哀しみを哀しみ抜く内容にしたかった」と語っているが、その理由を次のように説明している。

メランコリーとノスタルジーは似ているようで大きく違う。その方がこの物語についても、人生も、多くのことが表現出来ると思うのです。もちろん原作はとても素晴らしいのですが、では仮に十八年後のワタナベから初めて、現在と過去がフラッシュバックする流れにしていたとしても、それは映画としては殊更めずらしい手法でもないわけですから。(同書53)

また、「僕は傷口がまだ開いたばかりの、生々しく痛々しい感覚を再現したかった。それで、現在形の物語に脚色したのです。最も困難だったのは、その選択でした」(劇場用パンフレット6)とも語っている。ここに冒頭の回想シーンを描かなかった理由があるが、やはり、飛行機のシーンを撮らずに現在形に変えることは大きな決断だったようだ。

映画版を観た中森は、トラン監督のこの解釈に気づいた。つまり、映像の中に作品批評を読み取ったのである。ここに、小説と映画のひとつの良好な関係が見て取れるのではないだろうか。そこにはいわゆる相乗作用のようなものが働いているのだ。

『街と、その不確かな壁』のラストを「世界の終り」で百八十度転換したこと、その瞬間に今日の〝村上春樹〟は誕生した。現実にも、現在にも、決して回帰しないこと。世界の終りの場所で何もしないで永遠にとどまり続けること。それが春樹文学のメッセージだ。そして今も我々は「世界の終り」の内にある。トラン・アン・ユン監督はその世界をみごとに映画化してみせた。これは映像による鋭い『ノルウェイの森』批評だ。（「SWITCH」45）

『街と、その不確かな壁』は「文學界」（一九八〇年九月号）に発表された中編小説で、これが「世界の終り」の基となり、長編の『世界の終りとハードボイルド・ワンダーランド』へと発展したものだが、その結末は大きく違ったものになっている。原作者の村上は、「テキストの役目は、それぞれの読者に咀嚼《そしゃく》されることにあります。読者はそれを好きなように捌《さば》き、咀嚼する権利があります」と言っている（『職業としての小説家』299）。もちろんこのことは村上の場合に限られたことではないが、要するに読者は自由に解釈する権利を与えられているということだ。その結果、いろいろと違った読みが生まれてくるのは当然のことであり、映画の翻案においても同じことが言えるわけである。

幻想としての記憶

われわれは一つの作品を読み返すたびに新たな発見をする。それはどこまで正確にテキストを記憶しているかという問題だが、一度や二度読んだくらいでは、そのすべてを覚えているわけではないことは明白である。実際、何度も読んだところですべてを把握することは不可能だ。必ずどこかは見落としているものである。かりにすべてを暗記するまで読み込んだとしても、よみがえるイメージはまた別の次元の問題である。なぜなら、われわれはテキストを読みながら、自分なりのイメージを創り出しているからだ。メンデルサンドの指摘にもあるように、われわれの頭の中は多分に「絵画的」(246)なのだ。言い換えれば、読みながらイメージへの翻案を行っていることになる。そして、それが記憶の中にインプットされると、それは原作とは厳密な意味ではどこか違ったものになりうるということだ。

小説の読後感は、それぞれの読者にとって最も印象に残った場面が中心となって記憶にインプットされていくことにより形成される。それらは多くの読者によって共有される場合もあれば、そうでない場合もある。その結果、その原作を映像化したものを見た時、まずそれらの印象的な場面がいかにそこに反映されているかを確かめる作業が行われる。言うまでもなく、それらはすべて描かれているとは限らない。また、まったく無視されている場合もありうる。『ノルウェイ』の場合、筆者を最も捉えたのは第三章の「螢」の場面であり、それが小説全体のテーマとなっていると解釈した。そもそもこの長編は、短編「螢」を膨らませてできあがったものである。それが基調になっていることは明らかだ。その他、多くの読者と共有していたと思われるのは、言うまでもなく冒頭の回想場面であり、フィッツジェラルドの『グレート・ギャツビー』に関する部分である。しかし、それらはすべて描かれてはいなかった。さらに言えば、物語の背景に静かに流れるジャズ、特にマイルス・デイヴィスの「カインド・オブ・ブルー」はこの小説と密接に結びついていた。これはワタナベが直子に手紙を書くときに、何度も繰り返し聴くアルバムである。それはさりげないビージーエムのようでいて、実は物語の進行に合わせて常に静かに流れている。ビートルズの曲が前景にあるとすると、それは背景を司っている。しかし、このアルバムは映画には採用されていなかった。

そんなわけで、この映画を最初に観たときはまず失望感が先行したことを覚えている。しかし、二度目、三度目と回を重ねるごとに見方が変化してきた。それはじわじわと迫ってくるようになった。そして、今度は原作を再読してみると、何と映画で最も印象的な「草原」の場面が、原作の第一章に展開されていたことにあらためて気づいた。他の場面に引きずられて、この「草原」のことが記憶から遠ざかってしまっていたのだ。映画を（数回）観て、この場面がいかに重要な位置を占めているかを知らされることとなったのだ。

こうした現象は誰にでも起こりうることだろう。つまり、ちゃんと全体が読めていない、というか、一部の印象的な場面に強く引きずられてしまっているのだ。そして、その他の細部のことを忘れがちになる。トラン監督の場合、筆者にとっての重要な細部とは違った別の細部、つまり「草原」に最も心を奪われたのだ。どちらが正しい読みなのか、あるいはどちらが重要な場面なのかは一概には言えない。それこそが読者の「権利」である。どちらを優先するかによって、描かれる映像に差が生じるだけのことだ。映画全体の雰囲気も当然違ってくるだろう。ただ、それは確かにここに描かれていたことにあらためて気づき、少なからずショックを受けたことは事実だ。その場面を読み落としていたわけではない。それは確かにあった。ただ、読後のイメージに「螢」の場面ほどしっかりと定着することはなかったのだ。

問題は、どちらがより小説全体のイメージをうまく伝えることができるかということだろう。トラン監督は「螢」ではなく「草原」を選んだ。それがテーマとしても重要だと判断したのだ。これもどちらに軍配を上げるかは、できあがった映像を観てみなければ判断できないことである。要するにどのイメージから入るか、何を基調とするかの違いであって、最終的に映画の全体像を観るまではわからない。

トラン監督はこの小説の中に「愛とその喪失」のテーマを見出したと語っているが、そのテーマを描くにあたり、最も重要な場面があの「草原」ということになる。それによって、彼は「物語の深遠な部分まで観客を連れて行くこと」を目指したのだ。学生寮の屋上での「螢」の物語は、彼にとってはノスタルジーを象徴するものであったということになるのだろう。したがって、それを避けたかった彼は草原にすべてを賭けたのだ。プロデューサーの小川真司によると、ロケハンにおいて監督はあくまでもこの草原選びに最後までこだわったということだ。(小川 116) そして、選ばれたのが兵庫県神河町にある砥峰《とのみね》高原だった。そこは原作に描かれているすすきの名所でもある。

何日かつづいたやわらかな雨に夏のあいだのほこりをすっかり洗い流された山肌は深く鮮やかな青みをたたえ、十月の風はすすきの穂をあちこちで揺らせ、細長い雲が凍りつくような青い天頂にぴたりとはりついていた。空は高く、じっと見ていると目が痛くなるほどだった。風は草原をわたり、彼女の髪をかすかに揺らせて雑木林に抜けていった。(中略)まっ赤な鳥が二羽草原の中から何かに怯えたようにとびあがって雑木林の方に飛んでいくのを見かけただけだった。(上・9)

これはまさに一枚の風景画だ。その中で物語が展開されるのが映画版だ。そこはすすきに覆われた秋の景色であり、その閉じられた世界の中で二人はぐるぐると回り続ける。やがて季節は冬へと移り、雪の中で直子は自殺する。そこは原作とは違っているが、トラン監督は雪景色にこだわったようだ。その映像は直子の死をより鮮明にし、より哀しいものとして映し出している。そこは直子の世界であり、彼女のための場所なのだ。夏の眩しい太陽はない。緑の草原は冬枯れて、やがて雪に覆われる。直子そのものだ。

絵の中に閉じ込められた二人を考えるとき、『ギャツビー』に描かれたエル・グレコの「夜の情景」が思い出される。それは語り手のニック・キャラウェイにとっては一種の悪夢の象徴であるが、ワタナベの場合はどうなのだろうか。飛行機の中でよみがえった一枚の風景画は、ワタナベのどのような記憶を象徴するものなのだろう？　このエル・グレコの絵に描かれた人々も、永遠にそこから出られない。いつも同じことを繰り返しながら生きていくだけなのだ。

この絵は「トレド風景」と呼ばれるものだが、実際の絵には、ニックの見たような光景は描かれていない。彼はこの絵を「誤読」しているのだ。それは彼の記憶の中の幻想としての光景だ。

もしかしたら、ワタナベの場合にもこうした誤読があるのかもしれない。つまり、その風景は実際に見たものとは細部において違っているものなのかもしれないのだ。たとえば、草原から飛び立つ赤い鳥は、ビートルズの楽曲「ノルウェイの森」のサブタイトルにもなっている歌詞の一部が影響している可能性がある。つまり、"This bird has flown"(この鳥は飛んでいった)という部分だ。鳥の数は小説のなかの二羽ではなく一羽であり、その色も特定はされていないが、イメージとしては重なるところだ。それは、ニックの場合と同様、時間の経過の中でこの歌を何度も聴き、口ずさむことで、新たにつけ加えられていった可能性もある。

さらに幻想といえば、ワタナベ自身も直子の記憶についての確信のなさを次のように説明している。

それともあれは僕の幻想にすぎなかったのだろうか? 時間が過ぎ、あの小さな世界から遠く離れれば離れるほど、その夜の出来事が本当にあったことなのかどうか僕にはだんだんわからなくなってきていた。本当にあったことなんだと思えばたしかにそうだという気がしたし、幻想なんだと思えば幻想であるような気がした。幻想であるにしてはあまりにも細部がくっきりとしていたし、本当の出来事にしては全てが美しすぎた。あの直子の体も月の光も。(下・87)

この「幻想」の描写は、かつて見た「螢」の場面にも通じる。なぜならその「光景」は思い出せても、「場所と時間を思いだすことはできなかった」からだ。もしかしたらここに描かれている「何百匹という数の螢」（上・97）も幻想だったのかもしれない。いま目の前で息絶えようとしている一匹の螢とは対照的な光景をワタナベは理想像として思い描いていた可能性がある。同様に直子のことも美化されて記憶されている可能性がある。

このように幻想は誤読を生み、記憶は曖昧で信頼できないものとなる。それはあとで自分の都合に合わせて勝手に創り上げることができるからだ。そこでは美化された理想像が創り出されるか、あるいは悪夢が強調されるかのどちらかだ。それでも人はこの記憶に依存して生きている。

六〇年代の残存記憶

物語の最後の重苦しさは、再び冒頭のシーンへとつながる。飛行機は厚い雲を突き抜け、雨の降るハンブルグ空港へと降り立つ。ワタナベの気分も決して軽やかではなさそうだ。そもそも、この飛行機自体どこからやって来たのかさえも明確にされていない。旅の目的もわからない。何度も来ている様子からして、おそらく仕事でドイツに来たのだろうと推測できるが、そのあたりのことにはまったく触れていない。それよりも、彼は常に「草原」を思い浮かべている。そして、失ったもののことを想っている。「自分がこれまでの人生の過程で失ってきた多くのもののことを考えた。失われた時間、死にあるいは去っていった人々、もう戻ることのない想い」（上・8）。

　ワタナベは何があっても常に一つの時間と空間に囚われてしまうようだ。この機内でも、「僕はずっとあの草原の中にいた。僕は草の匂いをかぎ、肌に風を感じ、鳥の声を聴いた。それは一九六九年の秋で、僕はもうすぐ二十歳になろうとしていた」（上・8）。ワタナベにとって、この一九六九年という年が彼の人生の中心であるようだ。いつどこにいても、彼の中心はそこにあるのだ。そこに回帰していくのだ。そして、永遠にそこに閉じ込められる。

　この深い喪失感はどこから来るのだろうか。キズキや直子の死がその原因なのだろうか。もちろんそれはあるだろう。しかし、それ以前に、それ以上に何か別の理由があるのではないか。草原、そしてそこに吹く風、これらが象徴するものとは何だろう？　それは具体的な出来事ではなく、もっと漠然とした過去の事象なのではないのか。つまり、時の流れだ。その草原は失われてしまったすべてのものを包み込む場所なのだ。

「草原」を舞台に展開される『ノルウェイ』の物語を一枚の風景画として見たとき、その背景となっているのは六〇年代だ。それは政治的にも経済的にも文化的にも、どの側面から見ても他の時代と一線を画していた。それは特別に祝祭的な時代だった。それが新たな時代に入っていく、つまり七〇年代へと突入していくことは、村上やその世代の人々にはある意味で耐えられないことであったようだ。それはワタナベの二十歳になりたくないという思いと重なる。村上がこの小説で描きたかったのは、この六〇年代へのオマージュなのかもしれない。具体的な人の死はメタファーに過ぎないという見方もできる。村上がこの小説のエピグラフにフィッツジェラルドの『夜はやさし』（一九三四）と同じ「多くの祭りのために」を選んだ理由は、その時代の祝祭的な雰囲気と、それが去っていく切なさを描きたかったからではないだろうか。そうすると、直子は六〇年代の象徴なのだろうか？　二度と戻らない時代、消えてゆく運命にあるもの、それが直子なのだろうか。

直子はワタナベとの初めての、そして一回きりのセックスがいかに素晴らしいものであったかを語る。それでも彼女はワタナベと暮らすことを拒否する。その理由はこうだ。「それはやって来て、もう去っていってしまったものなの。それは二度と戻ってこないのよ。何かの加減で一生に一度だけ起ったことなの」（下・273）。そしてさらに、「私はただもう誰にも私の中に入ってほしくないだけなの。もう誰にも乱されたくないだけなの」（下・274）。これはまさに六〇年代という時代をまるでタイムカプセルに埋めるかのように、草原に埋め込んだみたいだ。まぎれもなく彼女は六〇年代の化身として、六〇年代とともに消えていったのだ。彼女のワタナベとの交わりは、六〇年代の体験を象徴しているのだ。二度と来ない祝祭的な時代。そして同時にそれはあまりにも哀しい時代だ。

それはアナログからデジタルへと切り替わる分岐点であった時代だ。ワタナベはレコード店でアルバイトをし、そこで手に血を流す傷を負う。映画版でもこのレコード店が重視されているのは、それがアナログ時代の象徴だからだろう。それは消えようとしているこの時代の前触れなのか。映画版では、その傷にこだわり続けるワタナベが、あえてふさがりつつある傷口を開いてみせる。それは何を意味するのか？　それは癒えてほしくない傷なのだ。いつまでも再生することなく、そこに留まり続けてほしいのだ。それは閉ざされた世界であってほしいのだ。「世界の終り」のようであってほしいのだ。村上はこの時代のことを「我らの時代のフォークロア――高度資本主義前史」の改稿版の中で次のように振り返っている。

一九六〇年代という時代には、たしかに何かしら特別なものが存在した。今思い出してもそう思うし、その渦中にいるときにだってだいたいそう思っていた。この時代には何かしら特別なものがある、と。しかしその特別な時代が僕らに――つまり僕らの世代に――何か特別な光輝のようなものをもたらしたのかということになると、僕としては首を傾げないわけにはいかない。あるいは答えを口ごもらないわけにはいかない。結局のところ僕らは、その特別な何かをただ通過したというだけのことではなかったのだろうか？　僕らはまるでスリリングなよくできた映画を見るみたいにそれを見物し、リアルに体験し、手に汗を握り、そして照明がついたら害のない高揚感とともに映画館の外に出てきたというだけのことではなかったのか？　僕らはなんらかの理由で、そこから真に貴重な教訓を学びとることを怠ってしまったのではないか？

僕にはわからない。そのような問いかけに正確に公平に答えるには、僕はあまりにも深く僕自身とその時代に関わりすぎてしまっているからだ。(61-62)

この最後の「僕はあまりにも深く僕自身とその時代に関わりすぎてしまっている」というの

は、ワタナベの「僕はあまりにも鮮明に彼女を記憶しすぎていた」（下・251）という部分と重なる。記憶の質量が大きすぎるため、そこからどうしても抜け出せないでいる。このことは村上にとっての六〇年代の記憶とかなり類似している。ただ、それはあくまでも村上の場合の話であり、読者はそれぞれ自分のケースに置き換えて読むことができる。つまり読者一人一人の「六〇年代」があるのだ。

ある記憶に支配されて身動きできないという体験は、多かれ少なかれ誰にでもあることだろう。「世界の終り」の「僕」のように夢を読みながら暮らしていく、あるいはワタナベのように「博物館の管理人」（下・258）のようになることは決して特殊なケースではない。それは「残存記憶」と呼ばれるものだ。レイコはワタナベにこう言う。

「私はもう終ってしまった人間なのよ。あなたの目の前にいるのはかつての私自身の残存記憶にすぎないのよ。私自身の中にあったいちばん大事なものはもうとっくの昔に死んでしまっていて、私はただその記憶に従って行動しているにすぎないのよ」（下・279）

「残存記憶」、それこそがわれわれを支配するものなのだ。またそれは時に幻想を生むこともある。それに支配されずに常に前に向かっていける人物が永沢だ。ワタナベはもちろん違う。レイコと同じなのだ。

「でも僕は今のレイコさんがとても好きですよ。残存記憶であろうが何であろうがね。そしてこんなことどうでもいいことかもしれないけれど、レイコさんが直子の服を着てくれていることは僕としてはとても嬉しいですね」（下・279）

それはもう過ぎ去ってしまったものだ。二度と手にすることのできない過去の出来事なのだ。それでもわれわれの多くはそれに簡単には別れを告げることができない。ギャツビーのように、いつかそれはまた繰り返せると信じたいのだ。こうしてなかなか前に進むことのできない人々がいる。ワタナベやレイコのように。もしかしたらワタナベにとって「少年期の憧憬のようなもの」だったハツミも同種類の人間だったのかもしれない。彼女も直子と同様、後に自ら命を絶ってしまう。

僕はそのような焼けつかんばかりの無垢な憧れをずっと昔、どこかに置き忘れてきてしまって、そんなものがかつて自分の中に存在したことすら長いあいだ思いださずにいたのだ。ハツミさんが揺り動かしたのは僕の中に長いあいだ眠っていた〈僕自身の一部〉であったのだ。（下・132）

いつの間にか忘れてしまっていた少年期の「無垢な憧れ」と六〇年代の光景がここで重なる。ハツミも直子同様、この祝祭的な時代の象徴として捉えることができそうだ。それはまた、かつて見た「燃えさかる火の粉のよう」（上・97）な光を放つ螢の群れを想起させる。「深い闇」の中でこそ、その光がより鮮明に浮かび上がる螢。ワタナベを取り巻く女性たちは皆それぞれの闇の中でもがいているのだ。そしてその間で揺れながら、ワタナベ自身も同様に闇の中へと入りこんでいく。そんな主人公たちはわれわれ自身の一部であり、われわれの人生を投影しているのだ。

井戸に落ちたワタナベ

この小説の読後感は今でも鮮明に覚えている。何か熱いものがこみ上げてきて、その思いを誰かに伝えたい、共有したいという欲求にかられ、とにかくじっとしていられなかった。他の読者の反応にも多かれ少なかれ似たようなところがあった。現に何人かの友人、知人から電話がかかってきた。そして、受話器の向こうでそれぞれの感想を熱く語っていた。他の村上作品とはそこが違っていた。読者はみな読後すぐに反応できたのである。とても素直に、肯定的に。哀しい場面も多く描かれているはずなのに、同時に高揚感を伴っていたことは事実だ。轟夕起夫のいう「まどろみから覚めると、体の芯がジワ〜っと火照っているような」（33）読後感だ。そう言えば、原作が世間の大きな話題となり始めた頃、読者の反応の中に、読み終えてすぐに恋人に抱かれたいと思ったというものもあった。

しかし、よくよく考えてみると、この作品のテーマは何なのだろう？　恋愛小説、生と死、静と動、喪失と再生、等々といった漠然とした事柄しか思い浮かばない。その中心にあるものがうまく掴めないのだ。「物語の深淵」（「SWITCH」53）になかなかうまくたどり着けない。よくわかるようでいて、うまく説明ができない。まさに深い森の中をさ迷っているような感じである。全体的にネガティブな要素の多い世界にもかかわらず、なぜ読者は熱くなったのだろうか。それは喪失の美への憧れか、あるいは単にノスタルジックな気分に浸ったのか。あの頃はこんなにいい時代だったと。いや、何かが違う。なんとも不思議な作品なのだ。

今でも考えれば考えるほど混沌としてくる。それにもかかわらず、村上作品の中でベストワンは何かと聞かれると、最初に思い浮かぶのは長きにわたってこの作品である。それはもしかしたら、自分の内面の奥深くを見てしまったような気がしたからだろうか。見たくないにもかかわらず、見せられてしまったのだろうか。われわれは結局一つの場所に閉じ込められていて、そこから動くことはできないのだろうか。もちろん、時は過ぎゆき、身の回りの状況も変化する。それでも、心の中にはこの「草原」のような場所が常に存在していて、われわれはそれを中心に生きているのかもしれない。それはある意味で世界の中心なのだ。そこが基準なのだ。いかに新たな世界を経験しようとも、そこは一つの閉ざされた時空間であり、人は結局何も変わらないまま生きているのかもしれない。われわれにはみな「井戸」があるのだ。そこに無意識のうちに落ちてしまい、二度と出られないのだ。

もしそうだとすれば、それは決して肯定的な解釈ではない。それなのに、なぜ読後に熱いものがこみ上げてきたのか。どこか矛盾している。われわれはその草原の存在に気づき、そこに必死で戻ろうとするのだろうか。失ったものを何としてでも取り戻そうという気持ちが高まるからなのだろうか。それは聖杯探しのようなものなのだろうか？ただ、筆者のこの映画に対する反応は、「どうしようもなく哀しい」の一言に尽きるものだった。哀しさや切なさだけが残った。原作を読んだあとの、あの「熱いもの」はやってこなかった。その違いは何だろう？　あれは「誤読」だったのだろうか。

もちろん、映画版に対しても同じような熱いものを感じた人たちもいるはずだ。先に言及した轟自身、原作を初めて読んだときと同じ「火照り」を感じたという。微妙な捉え方の違いでその差は生まれるものだ。筆者の場合、なぜ哀しさしか残らなかったかというと、まさに最後のシーンの描き方にその答えがある。レイコと別れた後、ワタナベは緑に電話をかけ、「君と会って話がしたい。何もかも二人で最初から始めたい。君以外に求めるものは何もないよ。愛している」と告げる。この時、緑は嬉しさを滲ませる。やっと私のところに来てくれるんだといった表情を浮かべる。そしてしばらくの沈黙の後、「今どこにいるの？」と彼女が聞く。しかし、原作と同様、ワタナベは今自分がどこにいるのかわからない。「僕は今どこにいるんだろう？」と呟いた直後、画面は暗転し、ワタナベのボイス・オーバーが聞こえてくる——「季節が巡ってくるごとにぼくと死者たちの距離はどんどん離れていく。キズキは十七歳のままだし、直子は二十一のままだ。永遠に」。そして、ビートルズの「ノルウェイの森」の原曲とともに、エンド・クレジットが流れる。

確かにここで流れるビートルズの原曲にはある種の感動を覚えたことは事実だ。それでも哀しみをかき消してくれるものではなかった。あの画面の暗転以来、ワタナベはその暗闇のポケットに嵌まったままなのだ。そこから彼は動けないまま、月日が流れたのだ。トラン監督のこの描き方は、一つの説得力あふれる小説解釈を提示している。この解釈により、この作品は回想ではなくなる。ワタナベは「草原」に閉じ込められたまま今日に至っているのだ。彼が過去と現在の間の暗いポケットに落ちた瞬間、その闇はそのまま閉じられてしまうのだ。まさに中森の指摘の通り、それは閉じられた世界であり、村上的な深くて暗い井戸の底のような世界だ。このシーンがあまりにも強烈に迫ってくるため、熱いものを感じる余裕はなく、ただ閉じこめられた哀しみだけが残ったのだった。そして、それは再びあの螢の場面につながる。

螢が消えてしまったあとでも、その光の軌跡は僕の中に長く留まっていた。目を閉じたぶ厚い闇の中を、そのささやかな淡い光は、まるで行き場を失った魂のように、いつまでもいつまでもさまよいつづけていた。

僕はそんな闇の中に何度も手をのばしてみた。指は何にも触れなかった。その小さな光はいつも僕の指のほんの少し先にあった。（上・98-99）

この場面はワタナベの行く末を暗示している。トラン監督はあえて螢のシーンを描かずに、最後の暗転のシーンにそれを込めたのだ。また、この小さな光は、直子でもあり、緑でもある。ワタナベがかつて見た螢は、記憶の中の記憶だ。「僕は目を閉じてその記憶の闇の中にしばらく身を沈めた」（上・97）と回想しているように、彼は記憶の中の記憶という場所に落ちて、閉じ込められてしまっている。

それでも記憶は確実に遠ざかっていくし、僕はあまりに多くのことを既に忘れてしまった。こうして記憶を辿りながら文章を書いていると、僕はときどきひどく不安な気持になってしまう。ひょっとして自分はいちばん肝心な部分の記憶を失ってしまっているんじゃないかとふと思うからだ。僕の体の中に記憶の辺土《リンボ》とでも呼ぶべき暗い場所があって、大事な記憶は全部そこにつもってやわらかい泥と化してしまっているのではあるまいか、と。（上・21-22）

最後の暗転シーンはこの「記憶の辺土《リンボ》」なのだ。ワタナベはまさにここに落ちてしまったのだ。まるで井戸に落ちるかのように。実際、直子の死後、彼は草原のまん中にあるという井戸に落ちてしまったのだ。問題はその井戸の底の闇に囚われてしまった彼が、ずっとそこから戻れないままでいることだ。

死者の共有

直子の死後、ワタナベは放浪の旅に出る。彼は「あまりにも鮮明に彼女を記憶しすぎていた」ために、彼女の死を受け入れることができないでいる。その結果、緑のもとにすぐに戻れない。

そんな風に彼女のイメージは満ち潮の波のように次から次へと僕に打ち寄せ、僕の体を奇妙な場所へと押し流していった。その奇妙な場所で、僕は死者とともに生きた。そこでは直子が生きていて、僕と語りあい、あるいは抱きあうこともできた。その場所では死とは生をしめくくる決定的な要因ではなかった。そこでは死とは生を構成する多くの要因のうちのひとつでしかなかった。直子は死を含んだままそこで生きつづけていた。そして彼女は僕にこう言った。「大丈夫よ、ワタナベ君、それはただの死よ。気にしないで」と。(下・252)

この「奇妙な場所」とは「記憶の辺土《リンボ》」のことだ。ほとんどすべての記憶が死者に結びついているワタナベは、先にも言及したように、自分が「博物館の管理人」になったようだと喩える。それはまさに「世界の終り」のイメージと結びつくものだ。その世界の主人公の「僕」は古い夢を読みながら生きているが、それはすでに死んだ人々のものだ。

彼女自身の心みたいに暗い森の奥で直子は首をくくったんだ。なあキズキ、お前は昔俺の一部を死者の世界にひきずりこんでいった。そして今、直子が俺の一部を死者の世界にひきずりこんでいった。ときどき俺は自分が博物館の管理人になったような気がするよ。誰一人訪れるものもないがらんとした博物館でね、俺は俺自身のためにそこの管理をしているんだ。(下・258)

しかし、ワタナベはそんな死者の番人のような立場にやすらぎさえ覚えているようだ。

彼女と二人で歩いていると僕の心は不思議にやわらぎ、慰められた。そして以前にも同じような思いをしたことがあるなという気がした。考えてみれば直子と二人で東京の街を歩いていたとき、僕はこれとまったく同じ思いをしたのだ。かつて僕と直子がキズキという死者を共有していたように、今僕とレイコさんは直子という死者を共有しているのだ。（下・264）

キズキの自殺こそがすべての始まりだった。彼の死によって他の者が連鎖的に苦しむこととなる。映画版が彼の自殺シーンを克明に描いていた理由はそこにあるのだ。ワタナベと直子の二人は、「最初から生死の境い目で結びつきあって」（下・281）いたのだ。「死者を共有」するワタナベとレイコ。二人は死者を媒介として、喪失感を分かち合える仲であったということだ。それは失ったものの象徴であり、ワタナベと直子、そしてワタナベとレイコは共通の哀しみを持つもの同士、理解し合えるということになる。

ワタナベが直子の死から学んだことは、「われわれは生きることによって同時に死を育んでいる」ということだった。いかなる「真理」も「誠実さ」も「強さ」も、「愛するものを亡くした哀しみを癒すことはできない」ことをワタナベは身をもって体験したのだ。人は「その哀しみを哀しみ抜いて、そこから何かを学びとることしかできない」と悟ったのだ。それでもまた「予期せぬ哀しみ」（下・253）がわれわれを襲うかもしれない。それに対してわれわれはただ無力なままなのだ。トラン監督はこのことをテーマとしたのだ。

こうしてワタナベとレイコは生きることの哀しさを共有している。そうなると、今度はわれわれ読者がワタナベと「死者」を共有していることになる。その結果、読後の連帯感のようなものが生まれるのかもしれない。トラン監督のいうように、それは究極の哀しみなのだ。誰もが心の奥に密かに持っている哀しみ。それを一気に噴出させてくれるのがこの小説なのだ。外に出して、そして共有し、ともに哀しむ。ただそこから何も学ぶことはない。それでもそこに不思議な高揚感が生まれる。哀しいのに、なぜか気持ちが昂ぶる。否定の中の肯定のような、そんな感情をこの小説はわれわれに与えるのだ。

時が経てば経つほど、ワタナベと死者たちの距離はますます開いていく。その哀しみは永遠に続くのだ。それは時とともに遠ざかっていくようでいて、実はある場所にしっかりと留まっている。われわれはその場所を何かのきっかけで鮮明に思い出すことがある。そして動揺を隠せなくなるのだ。まさにハンブルグに着いたばかりのワタナベのように。

レイコの言葉に励まされ、ワタナベは最後に緑への気持ちを伝える。それでもやはり彼は簡単には次に進めない。彼はどこにも行けないまま、暗い辺土《リンボ》に留まるのだ。こんな哀しい話はない。しかし、読者はその哀しみに共感を覚えるのだ。さらに、哀しみを共有できることに気づいたわれわれは、どこか安堵感を覚えるのだ。哀しさの中にあっても、何とかそれを乗り越えて生きていこうとするワタナベとレイコのけなげな姿にわれわれは感動を覚え、それが読後の高揚感につながったのだろう。だとすると、それは誤読ではなかったのだ。

あの草原は普遍的な場所であり、同時にどこでもない場所なのだ。それはトラン監督が生まれ育ったベトナムであり、その後移住したフランスでもある。また、それは村上春樹の日本であり、彼がこの作品の執筆に多くの時間を費やしたイタリアでもあるのだ。村上は去っていく六〇年代をその場所に閉じ込めたが、監督は失われていく日本の美をそこに閉じ込めたのかもしれない。外国人の目から見た日本の美を。

哀しさを内在化し、ひっそりと生きることを選んだワタナベとレイコは、空虚な現実の中にシニカルでありながらもかろうじて肯定的姿勢を見出そうとしている。それは前期村上文学の最大の特徴である。トラン監督はその閉じられた世界の哀しみを映像化したのだ。最後の場面の描き方にもかすかな希望が読み取れなくもない。それは観るものの判断次第だ。ただ、原作の世界とは違い、映像では突然強烈に暗闇が迫ってくる。「僕は今どこにいるのだ?」という問いかけに対し、われわれに考える猶予を与えてはくれない。イメージはやはり想像力を遮ることがある。しかしそれが映像の持つ力でもあり、そこに活字と映像のあいだの溝のようなものがあるのだ。

『ノルウェイの森』は単なる回想の物語ではない。それはわれわれの身体の一部となっている「記憶の辺土《リンボ》」を描いたものなのだ。トラン監督が映像化した《ノルウェイの森》には、そんな解釈が込められている。それはわれわれにとって常に懐かしい永遠の現在《いま》なのだ。

参考文献

轟夕起夫「囁きを聞く――『ノルウェイの森』の優れた〝カヴァー・アルバム〟」(「キネマ旬報」二〇一〇年一二月下旬号 No. 1571) キネマ旬報社、33頁

フィッツジェラルド、F・スコット『グレート・ギャツビー』村上春樹訳、村上春樹翻訳ライブラリー、中央公論社新社、二〇〇六年

中森明夫「神話への回答として」(「SWITCH」Vol. 28 No. 12　二〇一〇年一二月号) スイッチ・パブリッシング、44-45頁

トラン・アン・ユン「ただ深淵へと誘うために」(「SWITCH」Vol. 28 No. 12　二〇一〇年一二月号) スイッチ・パブリッシング、52-53頁

メンデルサンド、ピーター『本を読むときに何が起きているのか――ことばとビジュアルの間、目と頭の間』フィルムアート社、二〇一五年

村上春樹『ノルウェイの森』(上・下) 講談社文庫、二〇〇四年

――「我らの時代のフォークロア――高度資本主義前史」『村上春樹全作品　1990〜2000　第1巻』講談社、二〇〇二年

――『職業としての小説家』スイッチ・パブリッシング、二〇一五年

『螢・納屋を焼く・その他の短編』新潮文庫、一九八七年

『+ act.(プラスアクト)――visual movie magazine』二〇一一年一月号、ワニブックス

「「ノルウェイの森」劇場用映画パンフレット」東宝(株)出版、二〇一〇年

小川真司「Production Note」『「ノルウェイの森」――公式ガイドブック』講談社、二〇一〇年、112-19頁

DVD《ノルウェイの森》ソニー・ピクチャーズエンタテインメント、二〇一一年

II

挾本佳代

カズオ・イシグロ『日の名残り』

――諦めの文学をいかに表現したか

《日の名残り》
（ソニー・ピクチャーズ・エンタテイメント）

カズオ・イシグロという作家

作家が同世代の作家を賞賛するというのは、お互いがライバルにもなりかねないことを考えるならば、実際のところはかなり難しいことなのではないだろうか。ましてやそれが自分と同じ分野の作家だとするならばなおさらのはずだ。「新しい小説が出るたびにすぐに書店に足を運び、それを買い求め、ほかに読みかけの本があっても途中でやめて、何はさておきページを開いて読み始めるという作家が何人かいる。（中略）カズオ・イシグロもそのような作家の一人である」（村上 292）。

インタビュー集の序文として寄せられたエッセイなので多少の誇張はあるかもしれないが、「一人の小説家として、カズオ・イシグロのような同時代作家を持つことは、大きな励ましになる」と、あの村上春樹にここまで言わせてしまうイシグロの小説が世界中の多くの読者を魅了しているのは事実だ（295）。周知の通り、処女作の『遠い山なみの光』ですら九カ国語に翻訳され、イシグロは恵まれた作家活動をスタートさせた。彼は、長編小説を出版した後には、必ず世界各地で講演活動を行っている。長編小説を執筆して、その後は世界を股に掛けて宣伝活動を行い、それを多くの読者が待っている。今日、作品は四十カ国語以上に翻訳され、映画化もされている。

イシグロの長編小説を時系列的に並べると以下の通りになる。『遠い山なみの光』（日本語版の初訳出時のタイトルは『女たちの遠い夏』、一九八二）、『浮世の画家』（一九八六）、『日の名残り』（一九八九）、『充たされざる者』（一九九五）、『わたしたちが孤児だったころ』（二〇〇〇）、『わたしを離さないで』（二〇〇五）、『忘れられた巨人』（二〇一五）である。

長編小説のうち、現在までに映画化されたものには《日の名残り》（一九九三公開）と《わたしを離さないで》（二〇一〇公開）の二本がある。これ以外にも、イシグロが脚本を手がけたテレビドラマは二本（「アーサー・J・メイソンのプロフィール」"A Profile of Arthur J. Mason"、一九八四放送／「美食家」"The Gourmet"、一九八七放送）、同じく脚本を手がけた映画は二本（《世界で一番悲しい音楽》、二〇〇三公開／《上海の伯爵夫人》、二〇〇五公開）である。現時点では見ることができないが、テレビドラマ「アーサー・J・メイソンのプロフィール」は内容的には五〇年代のイギリスの国際情勢と執事を描いたものであり、その五年後に出版される『日の名残り』のいわば原形ともいうべきものである。岩田託子が指摘しているように「執事がテーマとしてイシグロにあり、それをまずはドラマ台本にした、というところのようだ」(136)。

最初の二つの長編小説が日本を舞台にした以降は、イシグロ作品の舞台設定は毎回変わっていく。作風もリアリズム的なものからSF、探偵小説、ファンタジーと一所に留まることなく変化し続けている。村上によれば、イシグロの小説の優れた点は「一冊一冊がそれぞれに異なった成り立ち方をして、それぞれに異なった方向を向いているところにある。(中略)しかしにもかかわらず、それぞれの作品には確実にイシグロという作家の刻印が色濃く押され、ひとつひとつが独自の小宇宙を構成している」ことにある(村上 293)。

なぜイシグロは小説を書き続ける上で、常に作風を変化させ、いくつもの「小宇宙」を構成する必要があったのだろうか。そしてこの絶え間ない作風の変化は、イシグロ自らの原作の映画に対する姿勢にも変化を与えたのだろうか。

岩田は、原作者が映画化作品に不満を持つことが多い中、イシグロが「少々奇異なくらい」「非常に肯定的」であることに注目をしている(134)。確かに、映画の公開前後になされるインタビューの中で、イシグロが映画という翻案に対して異議を唱えたことはほとんどない。そうしたイシグロの姿勢を、岩田は「映画化における原作者の位置づけをわきまえているから」(139)であり、同時に「自作が誤読される可能性を充分見越して」、「映画化もあえていえば小説に対する一〈誤〉読の実例であり、ただそれに対して怒るわけではないという基本的態度」であると示唆に富んだ考察をおこなっている（140）。この岩田の指摘するイシグロの映画化に対する姿勢、翻案に対する姿勢はどこからきているのだろうか。

イシグロは、加藤典洋のいうように、オリエンタリズムからもポストコロニアリズムからも距離をとる立場から小説を書いてはいるものの、出自を考えれば彼が五歳まで長崎に住んでいたのは事実であり、長崎で過ごした記憶を踏まえ、それを「私の日本」として『遠い山なみの光』と『浮き世の画家』という二つの作品に著し、そののち日本を舞台にした小説の呪縛を解くために、イギリスを舞台にした『日の名残り』を生み出した（161）。先にも指摘したように、イシグロはこの作品以降も作風や舞台を変え続けてきたが、これがブッカー賞を獲っていたことも災いして、同様のリアリズム小説の作品を望む批評家や読者からは少なからぬ批判も受けてきた。それこそ岩田が指摘するように、映画の翻案でなくとも小説自体が「誤読」されてきたことも少なくなかったのは想像に難くない。

しかし、イシグロは読者の「誤読」を恐れることなく、「自分の声を見つける」ことに挑み続けてきた。イシグロは柴田元幸との対談でつぎのように述べている。「とにかく、自分の声を見つけなくちゃいけない。本物の作家になるというのは、本を出すかどうかなんてことではかならずしもなく、一定の技巧を身につけるということでもない。自分の声を見つけた時点で、人は本物の作家になるんだというわけです」（柴田 219）。自分の声を見つけるためには、常にその声を「アップデート」しつづけなければならない（221）。このイシグロの作家としての過酷な試練に挑む姿勢こそが、映画の翻案に対して懐の深い柔軟性を彼自身に賦与したひとつの要因となっていたに相違ない。

こうしたイシグロの作家としての姿勢を念頭におきながら、『日の名残り』をみていくことにしよう。

執事の「品格」の描き方

『日の名残り』は、出版後四年目に映画化され、アカデミー賞でも八部門にノミネートされた。原作自体はブッカー賞を受賞したが、この作品が解説や批評される時には、「執事」が何のメタファーであるかということと、「信頼できない語り手」のモノローグで物語が進められる彼の作風に注目されることが多い。

「執事」というテーマについて、NHK・Eテレ「文学白熱教室」の中で、イシグロは「道徳的にも政治的にも、私たちは執事である」と述べている。執事が職業人として感情を抑圧する様が、私たちが感情を表すことを恐れていることと重なり、また、多くの私たちが自分の仕事を全うすることで自らの尊厳を保とうとも、政治的権力に対してはその貢献がどれだけ役立っているのかがわからないという二つの理由から、イシグロは普遍的な人間を描くために、「私たちは執事だ」と言った。

「信頼できない語り手」という物語の進行役をイシグロが必要とする理由は、「記憶」と関係している。「人は記憶というフィルターを通して、自分の過去を見ます。このフィルターを通して、自分は何者であるか悟り、どうして自分は今のようになったのかを理解するわけです。

これは非常に不思議な、歪みを持ったフィルターで、見たくない部分は隠してしまったり、形を変えて見せたりします」（「いま小説が目指すこと」15）。そして、「信頼できなかった語り手は、次第に信頼がおけるようにも変わっていく。物語の主人公は現実に向き合っていく勇気を持つようになっていくからだ。書き手としては現実に何が起こっていたのかということよりも、登場人物がどう考えていたかに重きを置いている。そして何を語るのか、それがどう変わっていくのか」、これが重要だという（「文学白熱教室」）。物語の中で、この「信頼できない語り手」が変化していくという点が、映画をみていく際には大切である。

ところで、ここでひとつ思い出しておきたいのが、先に述べた通り、イシグロが小説を出版する前に、テレビドラマの脚本で執事を主人公にしていたということである。そうであるならば、この時点で、イシグロは小説の中に、テレビドラマで実験したかもしれない映像ならではの「執事を描く」表現方法と、逆に、映像では表現できない小説ならではの表現方法の両方を共存させながら、「執事をめぐる世界」を小説の中で作り上げていた可能性が出てくる。素人でも言葉やイメージの映像化が難しいことではなくなった今日、イシグロが映画の手法や表現方法を小説に取り入れていないはずもないだろう。しかし、出版から四年後の監督ジェイムズ・アイヴォリーによる映画化前に、自身で映像化の道筋をつけながら小説を描いていたと仮定するならば、それはとても興味深いことである。と同時に、複眼で小説世界と映像世界を捉え、融合させながら作品世界を構築していたというイシグロ独自の作風の一端を知ることもできるのではないだろうか。

物語は、スティーブンスが二〇年前に一緒に働いた女中頭のミス・ケントンに会いに行く車での六日間の旅の合間に、彼が執事として最も充実していた時代の回想が織り交ぜられながら進んでいく。スティーブンスは非常に丁寧かつ律儀な語り口で記憶をたどり、過去を語っていく。その語りからわかるのは、執事という職務に対する自負と誇りは、昔の雇い主であったダーリントン卿にすべてかかっていたということだ。

「執事を描く表現方法」のモチーフとしてイシグロは「品格」を選んだわけだが、そもそも「品格」はたとえ執事の日常や言動や行動を細かく描いたとしても明確に表現しきれないものである。執事の日常というならば、映画《ゴスフォード・パーク》やBBCのドラマ「ダウントン・アビー」を見れば、貴族の屋敷での晩餐会やパーティの裏側では、執事だけでなく、下僕、女中、料理人、運転手といった屋敷内のありとあらゆる「階下で仕事をする」召使いたちが奔走しているのがわかる。貴族の傲慢さや華美な生活を実質的に支えているのは階下の召使いたちなのだ。《ゴスフォード・パーク》や「ダウントン・アビー」では、撮影スタッフの協力者として、実際に大邸宅で長年、執事を務めていた人間が演技指導に携わり、屋敷内で召使いたちの一部始終を再現することに力を貸している。執事が食事をサーブする時の姿勢やしぐさ、主人とはどんな風に接し、話すのか、カトラリーをどのようにテーブルにセッティングするのか。こうしたことをひとつひとつ描くことは小説でも映画でも可能である。しかし小説『日の名残り』では、日課がスケジュール通りに淡々と進められると同時に、突発的なことにも柔軟な対応が求められる執事の日常生活は断片しか描かれていない。

だから、イシグロは具体的には言い表しようのない「執事の品格」を、執事が仕える「主人の品格」を通して描くことにしたのだ。ダーリントン卿の召使いへの態度、屋敷での会議開催、国内外を問わず幅広い政府の要人との人脈があること。このようなことを書き連ねていけば、理想的な主人としてのダーリントン卿が浮かび上がり、そして彼に仕える執事の品格と誇りも保たれるからだ。

原作では、ダーリントン・ホールで第一次世界大戦後のヨーロッパ問題の非公式な会議が行われた際のスティーブンスの奔走ぶりが描かれる。これはダーリントン卿の国際政治舞台上での存在意義のかかった、彼の名誉をかけた会議であったからだ。対ドイツ処理問題で緊迫する会議で、スティーブンスは、政治家ではないダーリントン卿が「紳士の名誉」として国際政治の一端を担うその姿を見守る。執事として、裏方から会議を支え、的確なサーブをする。しかし、そんな一刻の猶予もない会議の裏側で、彼の父親が卒中で亡くなる。スティーブンスは臨終の場には立ち会えず、悲しむことすらできなかった。足の痛みを訴え、湯とバスソルトを持って来いと頼んでくる議員もいた。会議上でのダーリントン卿の演説や他国の代表者の反応や意見には、大戦後の一刻の猶予もない戦後処理問題に対する緊迫感が伝わってくる。これは原作でも映画でも同じである。

しかし、原作には影のようにダーリントン卿に寄り添うスティーブンスの表情に関する記述がない。それは、小説では彼が語り手となり展開されているからだ。一方、映画はそこを存分に表現する。原作で一切記述のないそのスティーブンスの表情、目、汗、下僕への指示、ミス・

ケントンとの絶妙なやりとり。これは「品格」のある執事のイメージを、映画が具体的な態度として落とし込んだ部分でもある。逆にいうならば、小説では、そつなくあらゆることに的確に対応する執事の働きぶりを、読者はこの会議を通して想像しなければならないのだ。

執事の見えない涙

映画の中では、スティーブンスが「信頼できない語り手」としての主人公なのかどうかは、彼をめぐる出来事の内容だけでは判然としない。しかし、スティーブンスの嘘のつきかたは、アンソニー・ホプキンスの抜群の演技と表情に見て取ることができる。究極的には「品格」のある紳士に仕えている執事に「品格」が備わると言い切るスティーブンスではあったが、ダーリントン卿のナチスへの荷担とも思われかねない政治的姿勢に心穏やかではなかった。原作を先に読んでいれば、なおさらホプキンスのブルーグレーの目の中にそれを見出すことができる。目は嘘を言わない。スティーブンスが本心ではダーリントン卿の政治主義に異議を唱えたい時、それを執事として無理に表に出さずに押し込めている時には、必ずといっていいほどホプキンスの顔や目がクローズアップされている。

小池昌代がスティーブンスという語り手について、興味深い考察をしている。「この語り手が、嘘を言っていないから信用できるのではなく、自分に嘘をつく、そのつきかたによって、読者は彼を、全面的に信用している。（中略）わたしは、人間の記憶の複雑さ、ランダムさ、曖昧さ、不正確さ、不確定さが懐かしくなる。これこそが、人間なのだ、と言いたくなる」（68）。この小池が指摘する「嘘のつきかた」が、映画の中で原作の「信頼できない語り手」の役割を果たし、そしてイシグロが執事をメタファーにして描こうとした人間の普遍性を教えてくれるのだ。

原作でのスティーブンスという「語り手」の心情の変化は、ダーリントン卿への思いを伝える言葉が変わってくるところから読み取ることができる。たとえば、「ダーリントン卿は高徳の紳士でした」(182)、また「私にはダーリントン卿がすべてでございました。もてる力をふりしぼって卿にお仕えして、そして、いまは……私には、ふりしぼろうにも、もう何も残っておりません」(255)などと話したり、「ダーリントン卿は悪い方ではありませんでした。……お亡くなりになる間際には、ご自分が過ちをおかしたと、少なくともそう言うことがおできになりました」(255-56)と言う。スティーブンスが亡きダーリントン卿のことを語れば語るほど、ダーリントン卿の政治姿勢がいまだに胸に引っかかっており、完全に信奉できなくなっていることがわかるのである。だから、スティーブンスは「信頼のおけない語り手」だったのだ。

映画では、この「信頼のおけない語り手」の変化は、一つのシーンに凝縮されている。それはアイヴォリー監督の上手さが光るシーンだ。旅の途中でガス欠をしてしまい、予定外の村で一夜を明かしたスティーブンスは、翌朝、置き去りにした車のところまで送ってくれた村のカーライル医師とつぎのような会話をする。原作ではカーライル医師は登場するもののセリフは一切ないので、映画での二人の会話はまったくの創作である。

スティーブンスはダーリントン・ホールで仕える執事であることを告げたあと、医師はこう尋ねる。「ダーリントン？　英国を戦争に巻き込んだナチ擁護派の貴族の？」。スティーブンスは、一度は否定する。しかし、しばらくして言い直す。「さっき申し上げた事は嘘です。私はダーリントン卿に仕えました。立派な方でした。真の紳士で、あの方に仕えたことは私の誇りです」。最後に医師は厳しいことをスティーブンスに尋ね、彼も正直に答える。

「君自身の気持ちは？　自分の過ちならあきらめもつくが、どのように心の整理を？」

「私自身も私なりに過ちを犯したのです。その過ちを正したくて、この旅も実はそれが目的なのです」。

たった数分のシーンが原作の核となる部分を見事に描ききっている。ここはアイヴォリー監督の原作理解の深さがよくわかるシーンでもある。主人の品格によって裏打ちされていた、スティーブンスの執事としての誇りが、人生の終わりになって揺らいでいる。その隠しようもない事実を、屋敷以外の人々と触れ合うことによって、彼は「嘘をついた」と正直に認めることができるようになったのである。原作の「信頼できない語り手」の変化をここに見出すことができるのだ。このシーンでホプキンスは泣いてはいない。しかし、執事の見えない涙が流されている。

「諦め」という感情の重低音

イシグロの作品には、視覚で切り取られた風景や光景を、カメラで撮影するかのように描写する箇所が多い。とりわけ、映画化された《日の名残り》には多く見られる。描写された風景や光景は、イシグロの小説技法では「信頼できない語り手」の視覚によって映し出されたものであり、語り手の心象風景である場合もある。しかし、この状態をそのまま映像化しようとするならば、カメラ一台では済まず、もう一台必要になってくる。そうしなければ、姿を一切見せない語り手のモノローグが入った、語り手が見る風景だけの作品が出来上がってしまうからだ。この問題を解消するにはクロスカッティングの映画の技法で、異なる場所で同時に起こっているシーン（語り手の見る風景と語り手）を交互、もしくはスクリーンを分割して映し出すことは可能であるかもしれない。けれど、そうした時間に追われるかのような慌ただしい技法は、《日の名残り》の世界にはまったくそぐわない。

そこで、カメラを二台使うことなく、語り手であるスティーブンスの心情を外側から視覚化する表現方法をアイヴォリー監督は採った。それは、中国の陶磁器の人形を用いて、スティーブンスや彼をめぐる人々の「言葉では表現できない」心情を表す方法である。

原作では、「シナ人の置物」の置かれている場所がいつもの場所ではないと、ミス・ケントンがスティーブンスに指摘する騒動が描かれている。「ここしばらく、お屋敷の中のシナ人がどれもほこりをかぶったままでした。ご存じでしたか、ミスター・スティーブンス？　そして、今度は置き場所が間違っています」(61)。ダーリントン・ホールで働く人間は、調度品である「シナ人の置物」の設置場所は完全に理解していなければならない。ましてや、それを勝手に入れ替えてはならないのである。ミス・ケントンは嫌みでスティーブンスにこのことを指摘したのではなく、「シナ人の置物」を掃除する担当の副執事として一緒に働くスティーブンスの父が、高齢のために物忘れで置き換えてしまっていることを暗に示唆し、彼の仕事量を減らす提案をしていたのであった。

映画では控えの間のキャビネットの中に入っていた人形が、そのドアの外に出て、テーブルの上に置かれていたことをミス・ケントンが指摘する。「未熟者の私が夢を見ているとでも？」。忙しいと断るスティーブンスに「ほら、あの中国の人形よ」とミス・ケントンは指さし、しつこく迫る。根負けしたスティーブンスが仕方なく振り返って中国の人形を確認するや、人形の首が軽やかな音とともに、かすかに、ゆらゆらと動く。青い服を着ているかのように色づけされた、切れ目のすっきりとした顔立ちで背の高い人形は、まるで生きているかのような表情をたたえている。もちろん、スティーブンスには人形の首が動いていることはわからない。そもそも陶磁器であるのだから、動くわけもない。

これは、スティーブンスの心のうちを見透かしたシーンである。彼は、薄々感じてはいたものの、中国陶器の人形の騒動が父親の物忘れによって生み出された所業だということに正面から向き合うことは避けていた。認めたくなかった。だから、スティーブンスは「人形が勝手に動いたのだから、仕方ない」と、置き場所が変わってしまっていたのを、「生きた」人形のせいにしていたのである。そして、彼はもはや副執事を務めることのできなくなってしまった老いた父に、完璧な仕事を求めることを「諦めた」のである。

その中国の人形は、このシーンを含め、全部で四回スクリーンに登場する。二回は登場人物が控えの間を通り過ぎる際の背景として出てくるだけであり、首は動かない。しかし、この中国の人形がスティーブンスの「諦め」を象徴しているのと同様のことが、後日起こる。それはダーリントン・ホールに、イギリスの首相、外務大臣、ドイツ大使が参集し、ダーリントン卿によってイギリスとドイツが協定を結ぶよう画策がなされた日のことだった。真夜中に首相が到着したその後でドイツ大使が到着し、部下とともに、玄関につながる控えの間に飾られた絵画を見ている。「見ろ、一六世紀のメ・デ・ブレスの絵だ」。その絵画が掲げられている壁につけるようにして置かれたコンソールテーブルの上に、あの中国の人形が置かれている。先にスティーブンスが見た時とは違う場所である。中国の人形は、ドイツ大使を見るや、かすかに首を動かす。このとき、ドイツ大使は人形の頬を触っている。もちろん、動いていることはわからない。

中国の人形の首がかすかにゆらゆらと動くのをきっかけにしたかのように、この日、様々な人間の感情に重低音として流れる「諦め」が一気に表に出てくる。ダーリントン卿は要人を集めて名誉をかけて行った画策が徒労に終わり、イギリスとドイツは敵対関係となってしまい、自らの名誉も失墜してしまった。彼は無力感の中で、イギリスとドイツとの架け橋になることを諦めた。

スティーブンスは、ダーリントン卿が開く会合の意図を知っていたにもかかわらず、執事としての職務を全うすることしかできなかった。彼は、人道的な意味においても賛成できないドイツに荷担する主人の過ちを正すことを諦めたのだった。さらに、その会合が開かれていたのは、別の男に求婚されたミス・ケントンが帰ってきた真夜中のことで、スティーブンスは忙殺されて精神的な余裕がなく、彼女から求婚話を聞いても、上の空で「おめでとう」としか言えなかった。本音のところでは彼の心はひどく動揺しており、そのために求婚話を聞かされたまさにその時に、屋敷を辞めたいと申し出た彼女を引き留めることができなかったのである。スティーブンスは自分の本心を伝えることを諦めてしまったからだ。

ミス・ケントンは、別の男に求婚されたと告げればスティーブンスも自分の気持ちをわかってくれるだろうと思っていたのに、引き留めもされず、失意の中で、部屋で泣くばかりであった。そこにスティーブンスはやって来たものの、慰めてくれるわけでもなく、「朝食室の隣の小部屋ですが、新しいメイドに、ほこりが残っていたと注意を」と、何も今言わなくてもいいような伝達事項しか告げられなかった。それも無感情に。そんなスティーブンスの自分に対する態度に呆れ、自らの愛は叶えられないと、ミス・ケントンもまた彼を諦めたのであった。

これら「諦め」という感情の重低音は、原作の中に言葉としては響いていない。しかし、それが映画ならば、中国人の人形を通して描くことができるのだ。さらに原作全体がもつ「諦め」のイメージは、タイトルの通り、完全に暮れてしまう直前の美しい夕陽に、映し出されてもいる。映画では、夕陽がダーリントン・ホールの背景に一回、スティーブンスが走らせるフォードの背景であるイギリスの田園風景に一回出てくるが、それは第一次世界大戦以降のイギリスという国家や貴族社会の斜陽の象徴であると同時に、スティーブンスの人生の終焉の象徴でもある。

消えた一日の意味

原作には五日目の部分がなく、「四日目の午後」の次が「六日目の夜」となる。もちろん六日目の部分に、昨日ミス・ケントンとどのような時間を過ごしたのかについての長い回想がある。

ミス・ケントンは、もちろん、いくぶん年をとっておりましたが、少なくとも私の目には、たいへん美しく老いたように見えました。……総じて、目の前にすわっているミス・ケントンは、私の記憶に長年住み着いているミス・ケントンと驚くほど似通っておりました。生身のミス・ケントンに再会して、私はどれほど嬉しかったことでしょう（244-45）。

しばらくすると、再会直後のぎこちなさは完全に消え、会話はしだいに親密の度を増していきました。……話の内容もさることながら、私にとりましては、ミス・ケントンの話ぶりこそが、何にも増して懐かしく感じられました。話しおえたときの微笑み、ときどき顔をのぞかせる皮肉っぽい声の抑揚、そして独特の肩や手の動き……。それを見聞きしているうちに、昔の二人の会話が……そのリズムと習慣が……私の心にはっきりとよみがえってまいりました（245）。

スティーブンスの浮き立つような嬉しさが伝わってくる。二人は時が経つのも忘れて話し続け、気がついたら二時間を経過していた。しかし、ダーリントン・ホールで再び働いてもらうという、スティーブンスにとっての旅の目的でもあった肝心な話は上手く運ばなかった。ミス・ケントンが夫婦仲を悪化させて家を出ていたその時にもらった手紙の文面だけから、スティーブンスは彼女がてっきり離婚をして、自分の元へ来てくれると想像して疑わなかったのである。しかし、スティーブンスはそのことを二十年前と同様、言うことができなかった。それに対し、ミス・ケントンはスティーブンスの申し出を断りながらも、ようやく積年の想いを伝えるのであった。

「私の人生はなんて大きな間違いだったことかしらと、そんなことを考えたりもします。そして、もしかしたら実現していたかもしれない別の人生を、よりよい人生を――たとえば、ミスター・スティーブンス、あなたといっしょの人生を――考えたりするのですわ」（251）。

このミス・ケントンの告白を聞いた時の気持ちを、スティーブンスはこう回想する。

私の胸中にはある種の悲しみが喚起されておりました。いえ、いまさら隠す必要はありますまい。その瞬間、私の心は張り裂けんばかりに痛んでおりました（251-52）。

原作の中で読者を引きつけてやまないのは、スティーブンスとミス・ケントンが二十年の時間を超えて結ばれるか否かということであるはずなのだが、イシグロはその期待をあっさりと裏切る。なぜイシグロは五日目を描かなかったのだろうか。

この二人の再会の一日が消されていることを、林望は「再会の場面をほんのりとした想像の世界に閉じ込めて強い余韻を与えるという、小説作法上の技巧である」と指摘している（19）。すなわち、すべてを書き込まずにあえて余地を残すことで、読者各自にそれぞれの再会シーンをイメージさせ、そうすることでイシグロは読者を作品世界に強く引き込み、そしてその世界を完結させることができるのだ。

しかし、ここで考えてみたいのが、たとえ六日目に五日目の話がスティーブンスによって語られていたとしても、彼は「信頼のできない語り手」なのであった、ということである。そうであるならば、その語り手が話すことは記憶違いもあるかもしれないし、体裁を繕っているかもしれないし、そしてそれが１００パーセント正確かどうかは、五日目の部分がない以上、読者は判断することができないのである。つまり、映画のハイライトシーンになる一日そのものが原作には明確に描写されていない上に、「信頼のできない語り手」のスティーブンスによる前日の回想と印象だけが綴られることで、読者は意図的に二重にフィルターがかけられている再会のシーンをイメージしなければならない。この点をさらに深く考えてみるならば、小説のテーマは不器用な恋愛模様ではなく、あくまで「執事」なのだということが強く押し出されているともいえよう。恋愛に対する不器用さはスティーブンスの頑なまでの実直さを表す意味では重要なのだが、イシグロのメインテーマではなかったのである。

しかし、映画にとっては、このあえてイシグロが描かなかった時間に起こった過去の出来事を想像して一編の物語にすることが必要なのである。二人はどんな風に再会し、見つめ合い、お互いが抱えてきた思いを告げ、その愛を実らせることができるのか。商業的に採算を図るハリウッド映画では、なおのこと、古典といわれる文芸作品の翻案であれ、SF小説の翻案であれ、恋愛のテーマは不可欠のはずだ。原作で描かれなかった時間を描けるのは翻案としての映画の醍醐味でもあるのである。

執事として厳しく自制してきたスティーブンスが、人生の最後に、二十年前から愛していた女性に思いを貫く勇気をもてるかどうか、それにミス・ケントンがどう応えるのかというシーンを丹念に描くことは、スティーブンスの執事としての人生の決着のつけ方を視覚的に見せることに他ならない。原作では消えてしまった一日を映画が描く最大の理由はそこにある。

アイヴォリー監督は、この映画にとってのクライマックスともいえる一日を、原作におけるスティーブンスの語りとはまったく違う形で表現している。ミス・ケントンは夫と別居しており、離婚しようとした時に、娘に子供ができたことがわかる。彼女は離婚後、ダーリントン・ホールで雇ってもらうつもりでスティーブンスに手紙を書いていたのが、娘の妊娠でそれを諦めざるを得なくなっていた。

だから、原作では桟橋でスティーブンスが通りすがりの見知らぬ男と話をしながら夕陽を見つめるシーンを、ミス・ケントンと二人で見つめることにし、この原作の中で一番大切な言葉を、映画では通りすがりの男にではなく、彼女に言わせている。夕方、二人が桟橋を散歩していると、一斉に電灯がつき、わっと人々が歓声を上げる。ミス・ケントンはこうつぶやく。

「電気がつくといつもこの騒ぎ」

「なぜです？」

「夕暮れが一日で一番いい時間だと言いますわ。皆楽しみに待つと」

「なるほど」

「もしかしたら実現していたかもしれない別の人生」、「あなたと一緒の人生」があったのではないかというミス・ケントンのセリフは、原作にはあったが映画にはない。しかしセリフに組み込まれなかったが、土砂降りの雨の中でのバス停でのシーンに、その言葉に替わる情景が描かれている。二人はミス・ケントンが帰るためのバスを待つ。いつもは時間通りには来ないはずのバスが、こんな時に限って、時間通りにやってくる。別れの挨拶のあと、バスが発車し、握っていた手をほどかざるをえなくなる。涙を拭くこともなく、泣き続ける彼女を乗せたバスは走り去る。ミス・ケントンの胸の内は、人目をはばかることなく泣いたまま立つ姿に映し出され、原作の言葉の背景にある情感をエマ・トンプソンは見事に表現している。二人のほどけた手は永遠の別れを意味するのであり、スティーブンスは、ミス・ケントンにダーリントン・ホールに戻ってきてもらうことも、二人の愛をやり直すことも諦めるしかなかったのである。

おわりに

『日の名残り』という小説と映画における表現方法の違いを、視覚化された「執事の品格」や「諦め」という重低音として流れる感情に注目をしながら考えてきた。いうなれば、アイヴォリー監督は、言葉で理解したイシグロの小説の「印象」を映像で永遠に留めたのである。その「印象」を描く上で必要なモチーフが、「品格」であり「諦め」だったのだ。イシグロの他の長編小説にもすべてこの「諦め」という感情が漂っている。とりわけその「諦め」という感情については、重低音とはいえ、主観にもとづくものであると指摘されてしまう可能性もまったくないわけではないかもしれない。実際のところ、私たち自身、原作がわかっている映画作品では、どうしても様々な観点から原作と映画作品を比べがちであり、残念なことに、自分が原作から得たイメージに合った作品に仕上がっているかどうかで、翻案の出来不出来を評価してしまう部分があることは否めない。しかし、人間は誰しも人生の中で、必ずどこかで「諦め」の感情と対峙し、折り合いをつけながら生きてきているはずである。もしくは、「諦め」を繰り返しながら、生きているといってもいいのかもしれない。イシグロがＮＨＫの番組の中で述べていたように「私は人間性や人間の経験に関する普遍的な事実を綴る作家として認識されたいという欲求」に駆られてきたのが事実ならば、人間の普遍的な経験として、人間が何度も経験する「諦め」は必ず含まれているのではないだろうか。

『日の名残り』の映画化のあと、続いて《わたしを離さないで》《上海の伯爵夫人》の二作品が公開され、二〇〇六年に行われたインタビューの中で、将来的な映画脚本を手がけるつもりはあるかどうかを尋ねられたイシグロは、つぎのように答えている。「本当に偉大な映画になるような企画であればね」(*Conversation* 213)。

最新刊『忘れられた巨人』は二〇一五年三月三日に出版されたが、その映画化権をプロデューサー、スコット・ルーディンが獲得したというニュースが流れたのは、出版からわずか三日後だった。想像するに、それだけカズオ・イシグロの十年ぶりの長編小説は読者が首を長くして待っている以上に、すでに出版前には、巨額の経済効果をもたらすと目論むハリウッドの映画人の間で様々な駆け引きが行われていたということなのだろう。もちろん、その翻案の企画をイシグロが「偉大な映画」になると確信したからなのだろうが。『忘れられた巨人』の登場人物の感情の重低音としても流れている「諦め」はどのように翻案され、表現における言葉の限界を、映像はどのように超えるのだろうか。

参考文献

Ishiguro, Kazuo. *The Remains of the Day*. London: Faber, 2005『日の名残り』、土屋政雄訳、早川書房、二〇〇一年
——「いま小説が目指すこと　カズオ・イシグロ vs 池澤夏樹」「ミステリマガジン」五五二号、二〇〇二年、早川書房、12-17頁
——「インタビュー　カズオ・イシグロ『私を離さないで』そして村上春樹のこと」、インタビューアー／翻訳・大野和基、「文学界」二〇〇六年八月号、130-46頁
——. *The Buried Giant*. NY: Vintage, 2016.『忘れられた巨人』、土屋政雄訳、早川書房、二〇一五年
岩田託子「映像にイシグロはなにを見るか」「水声通信　特集カズオ・イシグロ」、二〇〇八年一〇月号、134-41頁
加藤典洋「ヘールシャム・モナムール——カズオ・イシグロ『わたしを離さないで』を暗がりで読む」「群像」二〇一一年五月号、155-65頁)

小池昌代「声のなかへ、降りていくと」「水性通信　特集カズオ・イシグロ」、66-69頁
柴田元幸『ナイン・インタビューズ　柴田元幸と9人の作家たち』、アルク、二〇〇四年
林望「完結した世界」《日の名残り》劇場公開パンフレット、一九九四年、18-19頁
村上春樹『村上春樹 雑文集』新潮社、二〇一一年
Wong, Cynthia F. and Grace Crummett. "A Conversation about Life and Art with Kazuo Ishiguro." *Conversation with Kazuo Ishiguro*. Ed.Brian W. Saffer and Cynthia F.Wong. Jackson: UP of Mississippi, 2008. 204-20.

《わたしを離さないで》劇場公開パンフレット、二〇一〇年
「カズオ・イシグロ　文学白熱教室　完全版」NHK・Eテレ、二〇一五年八月一六日放送
「今の日本なら「忘れられた巨人」と向き合える　10年ぶりの新作に込めたカズオ・イシグロの思い」「日経ビジネスONLINE」インタビュー、二〇一五年六月二六日
DVD《日の名残り》、ソニー・ピクチャーズ・エンタテイメント・ジャパン、二〇一五年

III

映画の「動くイメージ」が小説家の意識を変えた
——フィッツジェラルドとヘミングウェイの場合

宮脇俊文

《華麗なるギャツビー》(1974年版 パラマウントホームエンタテインメントジャパン)
《陽はまた昇る》(20世紀フォックスホームエンタテイメントジャパン)

映画の黎明期を生きた二人の作家

ジョン・バージャーが言うように、見ることは言葉以前に存在する行為だ。「見ることは言葉にする以前の行為である。子供は言葉が話せなくとも、見てそして認識する」(Berger 7)。したがって人は見たものを次にいかに言葉で表現するかを工夫する。小説も自身の体験や心の目で見たものを含めて、まず見て、そして言葉に変えていく。何も見ることなく(何も体験することなく)、言葉は生まれてこない。このことはモダニズムの時代を迎えるまでもなく、それ以前からある真実だ。そこに映画が登場し、見るという行為に新たな方法が加わったことで、作家の中にはそのことに敏感に反応するものが出てきた。

今日、パソコンやスマートフォンの普及により、文学作品の描かれ方にもそれまでとは違ったものが見えはじめてきているように、それまで動かなかった写真が動きはじめることによって、小説の形にも何らかの変化が訪れたにちがいない。ヘミングウェイもフィッツジェラルドもともに映画の黎明期を生きた作家である。映画が庶民の娯楽となりはじめた時期に作家となった二人の作品には、当然のことながら映画の影響が見られるはずだ。

スーザン・ソンタグは「映画の一世紀」と題するエッセイの中で、「映画は驚異から、現実がそこまで魔術的に生々しく転写できるという驚異から始まった。映画とはそのような驚異の感覚を永続化し、再創造する試みに他ならない」と言っている。その「驚異」とは何か。それは、絵が、あるいは写真が動くということであった。

> 百年前、汽車が駅に入って来たその瞬間にすべてが始まる。その汽車が自分たちの方へ向かって来るように見えたために、観客は興奮の叫びをあげ、実際に逃げだそうとする者までいたが、人々はそのようにして映画を自分の内に取り込んだのだ。(ソンタグ 181)

そして、この映画を見るという行為の中で「一番強烈な経験というのはスクリーン上に写し出されるものにひたすら屈服し、夢中になってしまうことであった。映画に誘拐されたくなってしまうことであった」。当時の人々はまさにこのようにスクリーン上に映し出されるものに「誘拐」されたわけだが、その「誘拐されるための前提条件とは、イメージの物理的な存在感に圧倒されるということであった」(同書 181-82)。つまり、人々はそれまで静止していた絵や写真が自分たちに向かって動き出すという現象の虜になってしまったのだ。この静から動へのイメージの変化が映画体験の本質であった。

ソンタグは、その後この「動くイメージ」は映画館を抜け出して「遍在化」し、「かつて人々がきわめて真剣な芸術としての映画、娯楽としての映画に対して抱いていた価値基準を着実に切り崩してしまった」と言う。当初、これら二つの種類の映画のあいだに「本質的には、差異はなかった」(同書 182-83) のだ。こうした芸術としての映画、あるいは娯楽としての映画に人々は心を奪われていったわけだが、小説家であるフィッツジェラルドとヘミングウェイはどうだったのだろうか。

映画は、芸術の形式としては小説を超えるものではないと考えていた点が両者に共通している。ただ、フィッツジェラルドが早くからハリウッドに赴き、シナリオの仕事に携わっていたのに対し、ヘミングウェイは逆にこの映画の聖地に対して違った考え方を抱いていた。彼は、作家にとって映画産業と関わるもっともよい方法は、カリフォルニア州の州境で自分の作品を映画化したい人間と待ち合わせをして、そこで即座に作品と金を交換して、さっさと車で帰って行くことだと考えていた。つまり、自作の映画化の権利を売れば、あとは一切関わりたくないということだ。どんなことがあろうと、ヘミングウェイは、シナリオ作家としてカリフォルニア州の境界線をまたぐつもりはなかっただけでなく、作品の映画化に際しても協力することはしなかった。そこが、晩年にもかなりの時間をハリウッドで過ごしたフィッツジェラルドとの大きな違いであるが、ヘミングウェイは、作家がハリウッドに行けば、あたかもカメラのレンズを通して見ているかのような書き方を強要されると考えていた。つまり、そこでは映画のことしか考えてはいけないと捉えていたようだ。(1)

一方、フィッツジェラルドの映画に対する見解がもっともよく表れているのが一九三六年に発表されたエッセイ、「貼り合せ」("Pasting It Together")の中の一説である。

私が成人に達したときには、小説は思想や感情を人から人に伝える最強かつ柔軟な手段であった。だがそれが今では、ハリウッドの商人であれロシアの理想主義者であれ誰の手にかかろうとも、あまりにも陳腐な思想や明白すぎる感情しか表すことのできない機械的な共同作業の芸術に従属しつつあることに私は気づいた。それは言葉がイメージに従属する形式の芸術であり、自己の存在が共同作業を強いられるという最低の状態の中ですり減っていくのだ。私はずっと以前の一九三〇年の段階で、トーキーの出現が、売れっ子作家でさえをも無声映画と同様に化石のような存在にしてしまうのではないかという予感を抱いていた……書き言葉の力が別の力、よりきらびやかで不快な力に従属させられている状態を見ることには惨めな屈辱感があり、そのことが私の頭にこびりついて離れなくなっていた……。(*Crack-Up* 78)

ここには作家としてのある種の危機感のようなものが漂っている。言葉がイメージに従属させられている映画を非難するような口調だ。それは言い換えれば、言葉そのものが読者の魂に訴えることの重要性を強調しているともいえる。また彼がハリウッドで実際に作家として屈辱を味わった「共同作業」についても不満を述べている。しかし別のところでは、こんなふうに映画を礼賛もしている。

私は与えられた残りの人生において、映画に関わることもあればそうしないこともあると思っている。ただそれはあまり心を満たすようなものではない。なぜならそれはこども向けの物語を語るビジネスであり、ある程度までしか興味を抱くことはできないからだ。それは全人類のもっとも偉大なコミュニケーションの手段であるが、検閲制度なるものが出現し、それに従わなければならなくなったことは残念である。しかしそれが現実なのだ。(Turnbull 48)

映画そのものは「人間の伝達手段の中でもっとも偉大なもの」と信じていたが、それは金儲けのためのビジネスと化していることに失望していたようだ。ここには、作家として金のために短編を書くことについてのジレンマを抱えていた本人の気持ちにも通じる部分があるが、要するにフィッツジェラルドは、映画に魅了され影響された部分と、反感を感じる部分の両面を持ち合わせていたことになる。これは、活字文化の中に、動く映像という新たなメディアが登場することによってもたらされた大きな変化が起こった過渡期においては、当然の反応であったと思われる。

このように、映画に対する姿勢にはかなりの違いも見られるが、両作家ともに映画とは深い関係にあったことは事実である。ただその関わり方に違いが見られるだけで、二人が映画を意識していたことには何ら疑問の余地はないだろう。それでは、両者の作品にはどのような形で映画がその影響を及ぼしているのか。

フィッツジェラルドとヘミングウェイの映画的想像力

フィッツジェラルドの場合、その映画的発想は作品のあちこちに見られるが、ここでは『グレート・ギャツビー』（一九二五）から一つ例を挙げてみよう。それは第一章の終わりのところで主人公が登場する場面である。

猫の影がひとつ、月光の前をちらつきながら横切ったので、僕はそちらを向いた。そしてそこにいるのが自分だけではないことを知った。五十フィートほど離れたあたりに、隣の屋敷の物陰から人影がひとつ音もなく現れたのだ。その人物は両手をポケットにつっこみ、そこに立って、空に細かく散った銀色の星をじっと見上げていた。落ちつきのある動作や、芝生に両脚で揺らぎなく立つ様子から、ギャツビーご本人であると推測できた。おそらくはこの地域の天空の、どれほどの領域を自分が所有しているか確認するために、お出ましになったのだろう。

声をかけてみようかと思った。ミス・ベイカーが夕食の席で彼の話を持ち出していたし、それが自己紹介のきっかけになるだろう。でも結局声はかけなかった。というのは、彼がそのときにとった突然の動作によって、この人物は一人でいることに満ち足りているのだと察せられたからだ。彼ははっとさせられるようなしぐさで、両手を暗い海に向けて差し出した。そして遠目ではあったものの、彼の身体が小刻みに震えていることがはっきりと見て取れた。僕は思わず、伸ばされた腕の先にある海上に目をやった。そこには緑の灯火がひとつ見えるきりだった。小さな遠くの光、おそらくは桟橋の先端につけられた照明だろう。それから再びギャツビー氏の方に視線を戻したとき、そこにはもう誰もいなかった。僕は騒がしい夜の闇の中に、またひとりで取り残されていた。(25-26)

クンドゥの指摘によれば、この場面には「視覚的技術」が豊富に使われている。満天の星々を背景に、中間にはギャツビーの家が配置され、前景には芝生の上に立つギャツビーの姿がある。これらを一つのフレームの中に同時に収めており、それらはうまく調和している。ここには、「展開、動き、心の葛藤が示唆されている」。まず、「月光が降り注ぐ中を走り去る猫の影、次にギャツビーの両手を差し出す仕草、そして彼の無意識のうちの震える動作によってである」(Kundu 37)。

カメラがこれらの情景を追いかける時、それは「動きを伴う参加者」となり、また「映画の見えない語り手」となる。それはつまりこの小説の語り手のニック・キャラウェイ本人である。「われわれは『カメラ・アイ』としてのニックの目の動きによってガイドされていくのだ」(同書 37)。またバーマンによると、この場面を描写する直前にフィッツジェラルドは「夜の視覚的特性」を強調している。そこには、ガソリン・スタンドの給油ポンプが照明に照らされて立っている。ここでは場面の背景だけが提示され、描写が始まるのは強烈な明るさの月の光が直接射してくるところだ。

この「地平線と暗闇のグラデーションが見られる」場面に、フィッツジェラルドはギャツビーを登場させる。つまり、「暗闇から明るい場所に登場するという動き」を与えている。ここで主人公をこのように登場させるやり方はまさに映画的である。ギャツビーが差し出す両腕は確かに震えている。それは「サイレントな感情をサイレント映画的に表現している」(Berman 151) ところだ。そしてニックが目をそらすと、次の瞬間にはギャツビーは消えている。いうまでもなく、この作品が書かれたのはサイレント映画の時代である。その後、一九二七年の《ジャズ・シンガー》に始まるトーキーの時代に入ると、また新たな影響を受けることになったはずだが、このギャツビーの描写は、それ以前、つまり映画がまだ無声であった時代にふさわしい場面といえる。

さらにバーマンの分析によると、ここの描写の特徴は「フォーカスがしっかりと固定されている」点である。それ以上の背後に込められた意味はなく、「本物の情熱」のみがそこに示されている。「肉眼で捉えるアクションは、カメラで捉えたものとまったく同じなのである」。それ以上の含みは何もない。「完全に視覚的」(同書 152) なのだ。ギャツビーが緑の灯に向かって無言で「両手を暗い海に向けて差し出す仕草は、無声映画的な大げさな行為によって、観客とコミュニケートしようとしている」ものである。さらに、その仕草は「その先にある緑の灯に注目させるために出されたキュー」であり、またそれが「とても大きな存在であることを示唆するもの」(Kundu 37) である。ニックはまさに暗い映画館の客席から、その光景をじっと観察しているかのようだ。

こうした映画的手法が読み取れる場面は他にも数多く見られる。たとえば、「灰の谷間」の場面、その描写からT・J・エクルバーグの看板へと移行する場面、あるいは、走る車の動きが描写されている「クイーンズボロ橋」の場面等がそうである。中でも、特に第二章の終わりに向けての「一連の急速なカットや省略」(同書 150) の場面はいかにも映画的な発想といえる。ここはニックの同性愛的傾向が疑われる場面でもあるが、ここでは途中のつなぎの描写が大幅に省略されている。そのためにいろんな憶測がなされる結果となっている。その意味では、ここは小説としては失敗であるという見方もできるかもしれないが、映画的なカットの連続した場面として見た場合、不自然さや疑問は消えるのではないだろうか。ここを映画的に解釈すると、ニックはおそらくうとうとしながら夢を見ているのであろうという見方が可能だ。それでも、まだ彼の同性愛的傾向の疑いは残るかもしれないが、それはそれぞれのカットのあいだの描写を大胆に省略してしまったためであろうと思われる。

垂直的な言葉の集積である小説をいかに平面的に描くかが映画的想像力の存在価値だとすれば、そのためにはできるだけ細かな描写を省略し、イメージを断片的に羅列することが求められる。それによって言葉による描写がかなりのところまで平面的になるのではないだろうか。

これは後でヘミングウェイとの関連で言及するが、“and”を多く用いることで文章をつないでいくというモダニズムの特徴と関係がありそうだ。

ここで思い出されるのが、『ギャツビー』における「失われた言葉の断片」（118）という表現である。これは映画的想像力の観点からすると、ばらばらに存在する過去の場面を一つ一つ集めて一枚の絵に再構成しようとする作業であると言える。しかしニックによるその行為は結局失敗に終わるわけで、浮遊するイメージの断片はフレームの中で形を成すことなくさ迷い続けているという画面がそこにあることになる。つまり、この小説全体として見た場合、「言葉の断片」とは映像の断片ということが言えるのではないだろうか。フラッシュバック形式で過去を思い出しながら言葉を紡ぎ直そうとする行為は、映像の断片をつなぎ合わせていることと同じではないだろうか。言葉以前に映像が蘇り、それをあとから物語に変えていく作業が行われているのだ。つまり、この場合も、言葉よりイメージ（絵）のほうが先行している。その結果、映画的場面の合成的な要素が強くなっているのだ。

これに類似しているのが、ヘミングウェイの「キリマンジャロの雪」（一九三六）である。今死を目前にし、「静」の状態の中で過去を思い出している主人公は語り手であり、その目を通して「動」的な過去が映し出される。最後は空を飛ぶ飛行機からカメラの役割のように地上を描き出している。そして、キリマンジャロの頂上が目の前にそびえ立つ。しかし、これは夢の中での出来事である。ハリーは結局このベッドから出ることのないまま、過去と近未来を語っているのだ。マレーの指摘にあるように、「この短編における客観から主観への転換は映画におけるディゾルブの手法に似ている。それはたとえば“quarrel”という言葉がイタリック体で描写された部分にも持ち越されて使われることにより、二種類の提示の仕方をうまく結合させているところに見られる」。つまりそこでは、「スクリーン上の二つの似通ったイメージが時間と空間、あるいはそのどちらかによって区別される出来事のあいだに関連性を持たせているのだ」(Murray 222-23)。

このカメラ的な描写の仕方は、『日はまた昇る』(一九二六)にも見られる。それは闘牛の場面に描かれた双眼鏡を通して見るという行為だ。

ぼくが双眼鏡で見ると、三人の闘牛士が見えた。ロメロが中央で、ベルモンテが左側、マルシアルが右側だ。うしろには、手下の連中がいる。バンデリエーロのうしろの通路や囲い場の広い空地に、ピカドールが見えた。ロメロは黒い服を着ている。三角帽子を、目深にかぶっている。帽子のために、顔がはっきりわからなかったが、ひどい痕《あと》が残っているらしい。まっすぐ正面を見つめていた。マルシアルは、煙草《タバコ》を手にもって、用心深くのんでいる。ベルモンテは、やつれた黄色い顔で、長い顎《あご》を狼《おおかみ》みたいにつきだして、前を見ている。空を見ている目つきだ。彼もロメロも、ほかの連中とのつながりはまったくみとめられないようだ。それぞれに、一人ぼっちだ。会長が入ってくる。ぼくらの上のほうの特別観覧席から拍手がおこり、ぼくは双眼鏡をブレットにかえした。歓呼の声があがる。音楽がはじまる。ブレットが双眼鏡で見ている(216)。

これはまさにカメラでクローズアップしている行為に等しいものであり、ヘミングウェイが映画はすべてレンズを通して見ることだと言っていることがよみがえる。こうした双眼鏡の場面は他にもいくつか見られるが、クンドゥも言うように、「小説と同様、映画はカメラという媒体を通してそれ自体が望む場所に照準を合わせることができる。したがって小説にも、ロングショット、クローズアップ、トラッキング・ショット、ディゾルブといった映画の手法に相当する部分が見出せることになる。ただ、それらは目に訴える映像とは違い、耳に語りかけてくる言葉の中に存在するものである」(Kundu 28)。ここでのヘミングウェイの視覚的描写はまさにこれに相当するものだ。

このヘミングウェイの双眼鏡の描写に関しては、『ギャツビー』におけるT・J・エクルバーグの眼鏡の場面にも同様のことが言えるのではないだろうか。ここは看板に描かれた眼科医が眼鏡という媒体を通して「灰の谷間」を見下ろしているところだ。この医者の目は限りなく盲目に等しい。見下ろしてはいるが、見えてはいない。最後にニックがどう自分の目を矯正しても東部が歪んでしか見えなくなってしまったというのは、いかなるレンズを通して見ても矯正の可能性はないということになる。また、それはこの地で修理工場を営んでいるウィルソンにとっても同じことだ。彼は看板に描かれた眼科医を神として捉え、その目はすべてお見通しだと信じているからだ。さらに言い換えれば、結局この物語は、ニックというレンズを通して、世界を見ているということもできる。

ニックはその東部の光景をエル・グレコの「トレド風景」という絵にたとえている。

百軒ばかりの家が――それはありきたりでありながら同時にグロテスクな家だ――陰鬱な、雲が低く垂れ込めた空の下にうずくまっている。月は輝きを欠いている。前景には厳粛な顔をして、夜会服に身を包んだ四人の男たちが、担架を持って歩道を歩いている。担架には白いイヴニング・ドレスを着た女が乗せられている。女は泥酔しており、担架の端からだらんと垂れ下がった手には、宝石が冷たく光っている。一行は重々しい足取りでとある家に入っていく。それは間違った家である。しかし誰も女の名前を知らず、そのことを気にするものは一人もいない。(185)

ニックが悪夢として見るこの光景は完全に視覚的であり、そこにダイアログはない。ギャツビーが登場する時のようなライティングの効果もなく人物の動きの意味は捉えがたいものだ。しかし、「読者は語り手の目を通して、深い共感を覚える。ここに、モダンな瞬間に囚われた語り手と、われわれ読者がいる」。この時代の新たな感性、あるいは感覚に遭遇する瞬間である。「感情を持たない冷酷な目が道徳的な反応を誘発する場面」を捉えているのだ。ここでは反応がないのは明白であり、ここに一枚の絵にたとえた事象を見るということの新たな技術が見て取れる。つまり、「レンズを通して見るということは、事象から道徳的にかなりの距離があるということになる。舞台の場合は、観客が『異議申し立て』をすることは可能だが、映画の場合は、すでに撮影が終了しているため、演技を止めることはできない。イメージはわれわれの意図に影響されることはないのだ」(Berman 153-54)。

異議申し立てといえば、誰も彼もなぜまともに仕事もしないで、飲んでばかりいるのだと読者が訴えたくなるのが『日はまた昇る』の世界だ。ということは、この小説全体がレンズを通してみた道徳的反応を見せない映画的小説ともいえる。その背後にこそ彼らの苦悩があるわけだが、それは直接描かれることはない。

先に述べたように、フィッツジェラルドの場合、詳しい叙述が省略されて、コマの集積的なところがある。それが映画的であるとすれば、ヘミングウェイの場合は、すべてが映画的ということが可能なのではないだろうか。その簡潔な文体はジャーナリストの経験から来ているといわれているが、それは結果的には広い意味での映画的想像力ともなっているのではないだろうか。もしかしたら、その要素のほうが強いのかもしれない。たとえば、『武器よさらば』（一九二九）の最後に、キャサリンの容態が心配なはずのフレデリックが飲んで食べるだけの場面が描かれている。ここでは内面的叙述が省かれ、外側からのみ描かれている。まさにサイレント映画のように、動きだけで表現されているところだ。そこには、無言でも「食べる」という動きがある。これこそまさにそこに道徳的判断を介入させないイメージ優先の映画的発想なのではないだろうか。その意味ではヘミングウェイは映画的想像力を誰よりも先取りしていたことになる。

ヘミングウェイの作家としての特質は、言外に多くの意味を含ませる技術を有することである。これは先にも触れたようにジャーナリストの経験から来ているとする意見が多いが、これこそが映画との関連で語られるべきではないだろうか。フィリップスは、「ヘミングウェイは行間の空白部分に書くことができたが、それを映像化できないという点が映画制作者のフラストレーションであった」(Phillips 10) としている点にも疑問は残る。それは特に当時のハリウッドの大衆向けの映画作りに問題があったのではないだろうか。この理由だけで、ヘミングウェイの作品が映画的想像力を欠いていたとは結論しがたい。

解釈に微妙な差はあるにせよ、ギャッツビーがデイジーの前でシャツを投げる場面についても同じことが言える。ここには語り手が同席しており、カメラの役割を果たしている。ジョン・ブレインの解釈によると、ここで問題なのはシャツが何を象徴しているかということではなく、ここですでに結末が見えているという点である。

われわれは「シャツ」を見せられるが、それらが正しくきちんと見せられるために、ギャツビーがデイジーをどう思っているか、あるいはデイジーがギャッツビーをどう思っているかを見せられることにもなる。また、わざわざ多くの言葉を尽くして語られるまでもなく、われわれは彼女が彼の愛に報いることはないことを知るのだ。彼女が彼の家を訪問するのは気晴らしであり、暇つぶしなのだ。彼のシャツを賞賛しているのは軽いお世辞であり、少々情緒的でもある。二人の物語の結末はすでにここに暗示されている。すべては積み上げられたシャツの山の中にあるのだ (Braine 57-58)。

シャツの山がすべてを物語っている。「煉瓦のように」きれいに積み上げられていたシャツは今やばらばらになって床に堆積している。それは灰の谷間にある灰の山をも想起させるが、すべてのシャツを元通りに戻すことは至難の業である。ギャッツビーは「歯を食いしばって」積み上げてきたものをここで自らばらばらにしているのである。その一つ一つの断片の集積であるシャツの山に顔を埋めてデイジーは泣く。「ねじを巻きすぎた時計のように、とことんほどけてしまった」(97)以上、もはやそれをまき直すのは不可能に近い。それまでの集積がここで一気に崩されるという点で、そこには説明は不在でも終わりは見えているのだ。

このことをヘミングウェイに当てはめて考えてみると、釣りや闘牛の場面はこの作品の見せ場でありクライマックスでもあるが、こうした力みなぎる描写を見れば見るほど、われわれ読者にはジェイクに代表される当時の若者の内面的なやり場のなさのようなものがひしひしと伝わってくる。それは一種の虚勢のようなものであって、それをリアルに描く(見せる)ことで、何の説明もされていない内面がさらに浮き彫りになってくる。

内面の傷は見えないが、ハリウッドはそこを視覚的に見せないと気がすまない。あるいは観客が満足しない。その点では、ヘミングウェイは反映画的ということになる。フィッツジェラルドの場合と似ているようで実は違っている。そこにはシャツの場面のような形に表されたものがないからだ。しかし、もしシャツの場面が映画的と言えるならば、ヘミングウェイの場合も広い意味で映画的なのではないだろうか。スケールは違うものの、釣りや闘牛の場面、あるいは限りない飲酒の場面にこそ、登場人物の内面が鮮明に見えてくるからだ。こうしたイメージはそこに存在するだけで、言葉を必要とはしない。それでいて、言葉以上に多くを訴えかけてくるのだ。

小説に投影されたイメージの世界

マレーはその著書の中で、ルイジ・ピランデルロの「映画はイメージの言語であり、イメージは語らない」という見解を論題の一つとして紹介している。[2] このことは、写真や絵画が言葉で語りかけてくることがないのと同じである。そこに言葉は要らないのだ。必要なのは、やはりイメージそのものだ。たとえば、作家が自分の考えを述べるより、登場人物に行動させることがイメージによる伝達である。その意味では、フィッツジェラルドもヘミングウェイも同様に映画的である。これはロラン・バルトが「写真のメッセージ」におけるテクストとイメージの関係を説明して「イメージはもうパロールを映像化－説明してはいない。構造的にイメージに寄生しているのがパロールの方なのである」（バルト 69）と言っていることと同じである。『ギャツビー』と『日はまた昇る』の場合、両作品に共通してよく用いられているのが光のイメージであり、しかもその光には何か特別な力が潜んでいるようだ。まず、『ギャツビー』の場面を見てみよう。

巨大な橋を渡るとき、梁《はり》を抜ける太陽の光が、進んでいく車の上にちかちかと絶え間なく光った。そして河の向こう側に、純白の大きな山となり、砂糖の塊りとなって、都市がぽっかりと浮かび上がる。嗅覚を持たぬ金の生み出す願望によって築き上げられたものがそこにある。クイーンズボロ橋から街を俯瞰するとき、それは常に初見の光景として、世界のすべての神秘とすべての美しさを請け合ってくれる息を呑むような最初の約束として、僕らの目に映じるのだ。（73）

これはギャツビーとニックが車でクイーンズボロ橋を渡ってマンハッタンに向かう場面であるが、ニックの目は「車に取り付けられたカメラのごとく」、走る車を追いかけている。このトラッキング・ショットにたとえることができる描写は、「ギャツビーの夢のけばけばしい美しさと、ロマンチックな理想主義を現実的に感じ取れるものとする最高の伝達手段となっている」（Kundu 33-34）。ここで橋桁によって「絶え間なく明滅する光」にはマンハッタンの活力が込められているようだ。

この光の使い方はパリを舞台にヘミングウェイによっても実践されている。それはジェイクとブレットがタクシーで移動する場面だ。

タクシーは丘をのぼり、明るい広場をぬけ、暗闇へ入って、またのぼりつづけ、やがてサン・エチエンヌ・デュ・モンの裏手の暗い通りに出ると、平地になって、アスファルトの上を滑らかに走った。並木やコントルスカルプ広場にとまっていたバスのわきを通りすぎ、やがてムフェッタール通りの砂利道へ出た。通りの両側に、明るいバーやおそくまで開いている店が見える。ぼくらは、離れて座っていたが、古い通りをゆく車の動揺で、いつかからだがくっついてきた。ブレットの帽子もぬげ落ちている。頭をぐっとあお向けにしたままだ。店からの灯《あか》りで、彼女の顔がみえた。それからまた暗くなり、ゴブラン通り《アベニュー》に出た所で、またはっきり彼女の顔が見えた。街路は掘り起こされ、アセチレンの光で、電車線路の工事をやっている。ブレットの顔は血の気がなく、長い首筋が、アセチレンのきつい光の中に浮かびあがった。通りがまた暗くなり、ぼくはブレットにキスをした。ぼくらの唇がしっかり合わさったが、やがてブレットのほうが身をひき離して、座席の隅のほうへ、できるだけ、からだを離そうとした。うなだれている(33)。

ここは『ギャツビー』のクイーンズボロ橋の場面と同様、光と影がめまぐるしく交錯する場面だ。点滅とまではいかないものの、状況は類似している。この光の作用には言葉以上に二人の心の葛藤が込められており、その揺れ動く様が無言の内に伝わってくるところだ。さらにもう一つ、『日はまた昇る』で同様の光が描かれている場面がある。

暖かい春の夜で、コーンが引きあげた後もナポリタンのテラスのテーブルに残って、しだいに暮れてゆき電光サインの点《とも》る様を眺めた。赤青の交通信号、行きかう人びとの群れ、こみ合うタクシーのわきをぽこぽこ走っている馬車、それに一人で、また連れ立って、夕食にありつこうと歩きまわる娼婦《しょうふ》たち。テーブルのわきを通りかかったきれいな子を眼で追っているうち、見失い、また別の子を眺めていると、最初のがもどってくるのが見えた。

もう一度通りすぎたところで、視線が合うと、よってきて、腰をおろした。給仕がくる（22）。

ここは情景描写を垂直的に積み上げているのではなく、平面的に散りばめているところである。先にも触れたように、それは“and”でつないでいくことによる効果であるといえるが、実に見事に映像的に描かれている場面ではないだろうか。ニューヨークとパリを描いた二つの作品における光には言葉では説明されていない独特の「活力」（Berman 102）がみなぎっている。一秒間に24個のコマが映し出される映画は、まさに光の明滅の集合体であることを考えると、両作品における光の描写はその映画的な側面と無縁ではなさそうだ。[3]

このように、フィッツジェラルドは「モダニスト的な簡潔さ」（同書 103）で動きを描くことができたが、ヘミングウェイの場合にも同様のことが言えるのではないだろうか。それはまさに視覚的な世界が動きであふれているのだ。

ナラティブの視覚化としての映画

映画は“motion picture”あるいは“moving picture”と言われるように、それまで静止していたイメージが動きはじめたものである。まさにそれは「活動写真」であったわけだ。この動く写真の登場によって、小説の何が変わったのだろうか。それは言葉の集積という縦の流れの中にイメージの断片の集積という横の流れのものを入れていくということだ。言葉はそのイメージの流れを阻止してはならない。異物となってはいけないのだ。さらにその流れをよりスムーズなものにできなければならない。あるいはむしろ本来の縦の流れに何か新たな要素を持たせることができなければならない。それは音楽にたとえるなら、穐吉敏子がジャズが持つ「縦にはずむリズム」の中に日本的な「横に空間を区切る『間』というリズム」（穐吉 209）を融合させようとしたことに似ている。

フィッツジェラルドも言っているように、この時代、映画という新たな表現方法の出現は小説家にとっては一種の驚異であったはずだ。しかし、それと対抗するのではなく、小説にはできないことが映画にはできるということを才能ある二人が気づかないはずはなかった。そこで、意識的にその手法を取り入れようとしたかどうかは別として、無意識のうちにその影響を受けていたことは否定できないだろう。むしろ、フィッツジェラルドの場合は、積極的にそれを小説に応用しているかのようにも見える。一方ヘミングウェイの場合は、ジャーナリズムの手法から来る省略の方法が、たまたま映画的な手法と一致したのかもしれないが、いずれにしても映画の影響も少なからずあったにちがいない。

この影響によって、それまで肉眼で観察していたものが、カメラを通して見るような描き方に変わり、それによって捉えられた対象にはそれまでとは違った動きが出てきたということができるだろう。それは、たとえば車に乗っているからという理由ではなく、観察する側の動きにそれまでとは違ったものが出てきたということだ。書くことは見ることではあるが、そこに違いが出はじめたのだ。その結果、文体にもある種のスピード感が出てきた。全体の構成にもその影響はあるはずだ。また、十九世紀的な物語の進行とは違ってきたことも事実だ。小説とは違い、映画には時間的な制約が課せられている。それが小説にも反映されることが多くなったことは、少なくともヘミングウェイとフィッツジェラルドに関しては言えるのではないだろうか。ナラティブの視覚化が映画であるとするならば、この二人の作品はまさに映画的想像力に富んでいる。

註

＊本章は「ヘミングウェイ研究」第12号（二〇一一年六月）に掲載された論文に、若干の加筆・修正を施したものである。
＊邦訳のない文献からの引用の訳は、すべて引用者による。

（1）Phillips, 6.
（2）マレーは *Cinematic Imagination* の第一部 "Dramatists and the Motion Picture" のエピグラフ的な論題（"Short Subject"）の一つにこれを引用している（9）。
（3）ディクソンは『ギャツビー』の "constant flicker" に関してこのように関連づけている（22）。

参考文献

龝吉敏子『ジャズと生きる』岩波新書、一九九六年
バルト、ロラン『映像の修辞学』蓮見重彦、杉本紀子訳、ちくま学芸文庫、二〇〇五年
Berger, John. *Ways of Seeing*. 1972. London: Penguin, 1990.
Berman, Ronald. *The Great Gatsby and Modern Times*. Urbana: U of Illinois P, 1994.
Braine, John. *Writing a Novel*. London: Methuen Publishing, 1974.
Dixon, Wheeler Winston. *The Cinematic Vision of F. Scott Fizgerald*. Ann Arbor, MI: UMI, 1986.

Fitzgerald, F. Scott. *The Crack-Up.* Ed. Edmund Wilson. NY: New Directions, 1945.
———. *The Great Gatsby.* 1925. NY: Macmillan, 1992.『グレート・ギャツビー』村上春樹訳、中央公論新社、二〇〇六年
Hemingway, Ernest. *The Sun Also Rises.* 1926. NY: Scribner's, 1954.『日はまた昇る』佐伯彰一訳、集英社文庫、二〇〇九年
———. *Snows of Kilimanjaro and Other Stories.* NY: Scribner's, 1982.
Kundu, Gautam. *Fitzgerald and the Influence of Film: The Language of Cinema in the Novels.* Jefferson, NC: McFarland, 2008.
Murray, Edward. *The Cinematic Imagination: Writers and the Motion Pictures.* NY: Frederick Ungar, 1972.
Phillips, Gene D. *Hemingway and Film.* NY: Frederick Ungar, 1980.
ソンタグ、スーザン『書くこと、ロラン・バルトについて』富山太佳夫訳、みすず書房、二〇〇九年
Turnbull, Andrew. Ed. *The Letters of F. Scott Fitzgerald.* NY: Scribner's, 1963.

DVD《華麗なるギャツビー》パラマウント ホーム エンタテインメント ジャパン、二〇一〇年
DVD《陽はまた昇る》20世紀フォックス・ホーム・エンターテインメント・ジャパン、二〇一三年

Ⅳ

宮脇俊文

フィッツジェラルド『グレート・ギャツビー』が描いたアメリカ社会

——消されたジャズ・よみがえるジャズ

《華麗なるギャツビー》
(2013年版 ワーナー・ホーム・ビデオ)

ジャズ不在の「ジャズ・エイジ」

「ジャズ・エイジ」の命名者とされるF・スコット・フィッツジェラルドの作品には、『グレート・ギャツビー』(一九二五)をはじめその他の作品を見渡しても、ジャズはほとんど登場していない。あるとしてもそれは単なるビージーエムにすぎない。これは意外な事実である。なぜフィッツジェラルドはジャズを描かなかったのだろうか。あるいは描けなかったのか。彼は音楽としてのジャズにはそれほど詳しくはなかったかもしれない。しかし、ジャズが表象する文化的側面に関しては的確な認識を持っていた。それでは、彼は意図的にジャズを消そうとしたのだろうか。もしそれが事実だとすれば、彼がこの時代をジャズ・エイジと呼んだ真意はどこにあるのだろうか。一見華やかに彩られたアメリカ二〇年代ではあるが、その裏側にはどのような現実が潜んでいたのだろうか。

フィッツジェラルドは確かに二〇年代を描いた。それも『ギャツビー』という見事な作品によって。しかし、そこにジャズはない。しかも、そこに出てくるジャズは架空のものであり、本物の雰囲気はあまり感じられない。つまり、それは黒人ではなく、白人の側のものなのだ。それに比べ、たとえばカール・ヴァン・ヴェクテンは、同じ二十年代の半ばに、白人でありながら『ニガー・ヘヴン』(一九二六)という作品を発表したが、そこにはハーレムにおけるあふれんばかりのジャズが描かれている。それはまさに黒人のジャズである。このように両者のあいだには大きな差が存在している。

それにもかかわらず、フィッツジェラルドは「ジャズ・エイジの寵児」と呼ばれてきた。それは「失われた世代」と同様に、この時代の代表的な呼称であり、これまで当然のように使われてきている。しかし、それは果たして正しい呼び名なのだろうか。彼は本当にこの時代をうまく描き出しているのだろうか。

グレゴリー・ジェイは、ラルフ・エリスンの「チェホー駅のリトルマン」を参照しつつ、フィッツジェラルドに対して、「ジャズ・エイジ」の名づけ親は自分だと自慢しながら、実際は黒人文化および二十年代のジャズ・ミュージシャンを傍観者的にしか描いていないと非難している(203)。この時代、発展途上にあった実際のジャズと、商業化されたジャズの代用品とのあいだには大きな格差があり、たとえばジャズ・エイジを代表するフラッパーたちは、言うまでもなく後者を受け入れていったわけであり、本物のジャズについてはまったく知らないと言ってよかった。新たな大衆文化の担い手である当時の若者たちにとって、ジャズは新しさやスタイルを表す用語であり、中産階級の文化においては、それは不道徳の別名ともなったとメルツァーは指摘する（73-74）。

ジャズという言葉を口にする時、当然そこには黒人が含まれていなければならない。それは彼らによって始められた音楽であるからだ。しかしながら、『ギャツビー』のみならず、フィッツジェラルドの他の作品にも、ほとんどジャズや黒人は登場していない。アメリカの歴史観あふれる小説と言われる一方で、黒人の歴史は欠如しているという事実を考えると、ジャズの創始者である黒人側から見た場合の『ギャツビー』は一般的な読みとはかなり違った小説になるのではないだろうか。フィッツジェラルドが描いたのはジャズの雰囲気のみであり、主体はあくまでも白人の側の文化的状況であった。そこに黒人は存在しない。

消されたジャズ描写

『ギャツビー』におけるジャズ、および黒人に関する描写の少なさにはあらためて驚きを覚えるが、その数少ない場面のひとつがこれだ。

　高名なテナー歌手がイタリア語で歌い、何かと風評のあるコントラルトがジャズを歌った。曲のあいまに人々は庭園のあちこちで演芸じみたことをやって、そのたびにどっとにぎやかな、虚ろな笑い声が巻き起こり、そのまま夏の夜空へと立ちのぼっていった。(51)

ここでのジャズは、イタリア語に続いて、ジャズ（語）というふうに、外国語扱いされているような印象を受けるとブレイトウィーザーは指摘する（61）。つまり、アウトサイダー扱いされているのだ。

そして、あと一つがギャツビーのリクエストによって演奏される曲である。一九二〇年代初頭、『ギャツビー』の語り手ニック・キャラウェイは、ギャッツビー邸の庭ではじめてジャズを耳にする。ここでこの音楽は、「大きなセンセーションを巻き起こした」ものというふうに紹介される。

バス・ドラムのどんという大きな音が聞こえた。そしてオーケストラ指揮者の声が唐突に、庭園にこだまする人々の言葉の頭上に響き渡った。

「ご来場の皆様」と彼は叫んだ。「ミスタ・ギャツビーのご希望により、これよりミスタ・ウラジミル・トストフの最新の作品を演奏いたします。当作品はこの五月にカーネギー・ホールで演奏され、多大なる世間の注目を集めたものであります。大きなセンセーションを巻き起こしたことは、新聞などでおそらくはご存じでいらっしゃいますでしょう」。そして冗談めかした偉そうなふりをして微笑み、付け加えた。「というか、そこそこのセンセーションと申しますか」、みんなはどっと笑った。

「曲のタイトルは」と彼は元気よく締めくくった。「『ウラジミル・トストフのジャズ版・

世界の歴史』であります」(54)

大きな期待を抱かせる描写ではあるが、ニックはこの後この音楽について一切語ることはない。たったこれだけなのである。これが、「ジャズ・エイジ」を代表するフィッツジェラルドの描写かと思うとなんだか気が抜けてしまう。しかし、そう決めつけるのは少々早すぎる。実は、「ジャズ」は消されていたのだ。しかも大幅に。それはもともと手書きの原稿で約2ページにもわたる詳細なものであった。

ここで削除されたジャズ描写を再現してみよう。先に引用した「ジャズ版・世界の歴史」の部分はこうなっている。

「この曲のタイトルは」と［オーケストラ指揮者］は元気よく締めくくった。「『レス・エプスティアンのジャズ版・世界の歴史』であります」。

彼が腰を下ろすと、オーケストラのメンバーはお互いに顔を見合わせ、しょせんこの曲は自分たちが演奏するような代物ではないんだと言わんばかりに、少々見下したような笑みを浮かべた。それから指揮者は指揮棒を高く上げた――そして、これまでの人生で聞いたことのない度肝を抜かれるような楽曲を演奏し始めたのだ。僕は魅了された。それ以来二度と聞いたことがなく、シャンパンのせいかもしれないが、誰も15分間椅子の中で身動きしなかったと思う――ただ楽章の終わりのところに来て、時おり奇妙に困惑した様子で笑っただけだった。

消されたジャズはこう続く。

それは風変わりでぐるぐる回転するような音で始まったが、ほとんどはコルネットが奏でる音だった。それはかなり規則的で一様の調子を保ち、時折どこかずっと遠くで鳴っているかのようなベルの音が聞こえてきた。しばらくすると、少々退屈な回転する音の中にリズムがはっきりと識別できるようになってきたが、あと少しで聞き取れるようになるかと思ったとたん、それは消えてしまった――するとようやく何かが動き始めた。何かものすごいものが。そして、回転音はすっかりねじれてきて、遠くのベルのひとつが活気を帯び始め、それ自体が意味と個性を持つようになったのだった。(*Manuscript* 54-55)

最初の回転するようなサウンドは定期的で計算されたものであるが、それは次第に即興的になり、ねじれて、逸れていってしまう。そこでニックは、何とか一貫性、継続性といった西洋音楽の伝統の特性を見出そうとするが、なかなかうまくいかない。それよりも、彼は「不協和音」として飛び込んでくる音に「個性」を見出しているとヘンスンは指摘する。ここには、逸脱行為、境界を越える動きが読み取れるが、「意味」の部分が削除されているのは、やはりフィッツジェラルドが「個性」をまず強調すべきだと考えたからであり、ニックはまだこの段階ではこの音楽の意味を理解するまでには至っていないということだろう。

ジャズ描写はさらに続き、この楽曲に関する更なる詳細な説明が展開される。第一楽章が終わったあとの聴衆の反応はこうだ――「我々はみな不安げに笑いながら互いに顔を見合わせた」（同書 54）。彼らはまさに「不安」を感じているのだ。それはその曲が馴染みのないものであり、なかなか理解できないからである。まさに「意味」がわからないのだ。最初は笑う以外にどう反応していいのかわからない。そうして第二楽章が始まる。しばらくして、単調な繰り返しかと思って少し安心し始めていると、実はそれは聴衆を欺いていただけで、今度は自己主張を始めるのだ。こうして、この楽曲は「不吉な性格」を帯び始めるとヘンスンは言う（Henson 41）。

それは何かの機会を密かにじっと狙っているかのようだ。この音楽の予測不可能な即興性に聴衆は惑わされているが、実際にそれは「そこに実在する」のである。それは「以前からずっとそこにいたかのようにこそこそと動き回り」（*Manuscript* 55）、やがて頭角を現しはじめるのだ。これはもはや音楽に関する説明以上のものである。まるで誰か特定の人間、あるいは集団のことを描写しているかのようだ。それは人間の執拗さやうぬぼれの要素に似て、まさにギャッツビー本人のことを言っているかのようだとヘンスンは指摘する。自分の成功を誇示するために、ギャツビーがこの曲を演奏させているかのようだ。まるでそれが彼のテーマ曲であるかのように。

この曲がまったく予測のつかない流れで演奏されるという点を考えるとき、それは、ギャツビー邸のパーティーにおけるウェスト・エッグの住人（新移民）たちのグループの形成の仕方に似ている。イースト・エッグの住人（旧移民）が、落ち着きを保ち、メンバーが入れ替わることがないのに対し、ウェスト・エッグの住人たちは、めまぐるしく変化していくと描写されている。これは、それまでの西洋の正統な音楽と即興的なジャズとの違いに似ている。

ニックは、即興的な演奏を予想がつかない偶然のものとして捉えているが、それは当時の社会の状況にも当てはまる。この描写はまたトムが話題にする「ゴダードの『有色帝国の興隆』」にも酷似しているとヘンスンは言う。この音楽のように、有色人種が、白人種の存続を脅かしているとトムは懸念し、うかうかしていると他の人種はやられてしまうというものだ。彼の理解によると、白人種や西洋の古い秩序は危機にさらされているのだが、それはニックのこの音楽に対する印象とまったく同じである。つまりニックは、ジャズという音楽を通してトムと同じ不安を表していることになる。

このように、フィッツジェラルドの音楽への言及は、当時のジャズに対する不安を意味している。それはこの音楽が人種の枠を超えてできあがっているからである。音楽といえばオーケストラによるダンス音楽か、ジャズのパロディーがせいぜいであった時代に、この音楽のクロスオーバー性は人々にかなりの不安を与えたのだ。

ここで、ウラジミル・トストフ（あるいはレス・エプスティアン）のモデルとなっているのは、白人音楽家のポール・ホワイトマンである。彼は、オグレンによると、当時の文化状況の急激な変化の象徴としてのジャズ音楽をいったん和らげた形で人々に紹介しようとした功績のある人物であったが、白人たちの多くはその事実を知らなかった。彼らは、主として黒人が演奏するアドリブの利いたリズム感あふれるジャズよりも、ただ単純にホワイトマンのシンフォニー的なジャズのスタイルを受け入れたのである（Ogren 154）。

ホワイトマンは二十年代のアメリカ音楽を一新したルイ・アームストロングと並んで、もう一人のアメリカ・ポピュラー音楽の父と呼ばれるにふさわしい業績を残した人物である。その業績とは、エディーによると、アメリカ人の音楽嗜好をそのダンス・バンドで一新したことだ。そして、フィッツジェラルドが「ウラジミル・トストフのジャズ版・世界の歴史」と呼んでいるのは、このホワイトマンが一九二四年二月一二日、ニューヨークのエオリアン・ホールで行ったコンサートを指している。長時間にわたるコンサートの最後から2曲目に、あのガーシュインの「ラプソディー・イン・ブルー」が演奏された。これこそが、この時代の精神を体現するかのような、まさにクロスオーバー的な旋律だったのである。

このシンフォニー・ホールで開かれたジャズ・コンサートは、その楽器編成もフィッツジェラルドの記述と似ており、まさに「ジャズ版・世界の歴史」と呼ぶにふさわしいものであった。しかし、それは黒人ミュージシャン不在のものだったのだ。実際、ホワイトマンは人種差別を嫌い、黒人ミュージシャンを起用しようとしたが、他のメンバーやスポンサーから反対されたのであった。

このコンサートでホワイトマンが訴えたかったのは、ジャズこそがアメリカの音楽であるという点だった。しかしそのためには、公には、それは「白人音楽」であるということを納得させる義務があった。黒人の音楽として演奏するには、黒人に扮するか、あるいはミンストレル・ショーのような形を取るしかなかったからだ。つまり、ホワイトマンはアメリカ文化の大きな転換をいきなり示すのではなく、いったん和らげた形で大衆に示そうとしたのだ。その結果、彼はアメリカ文化における人種間の融合の可能性を証明したことになるが、その功績は大きいといえる。

消されたジャズ描写の最後では、実在する楽曲への言及が見られる。アーヴィング・バーリンの「アレクサンダーズ・ラグタイム・バンド」(一九一一)、シェルトン・ブルックスの「ダークタウン・ストラッターズ・ボール」(一九一七)、W・C・ハンディーの「ビール・ストリート・ブルース」(一九一六)の三曲だ。そのうち「ビール・ストリート・ブルース」はいったん消去されたのち、最終稿の後半に復活することになる。これらは「有名なジャズ」と描写されており、ニックには少々「弱々しく」聞こえたが、聴衆の多くはこれらを好んだとしている。それは言うまでもなく、人々がこうしたスタンダードなジャズに慣れ親しんでいたからである。

ギャツビー=黒人=ジャズ

『ギャツビー』で紹介されているジャズは以上であるが、一方、この音楽ジャンルと大いに関係のある黒人に関してはどうだろうか。これもジャズと同様、わずかしか描写されていない。ひとつは、ギャツビーとニックが車でクイーンズボロ橋を渡るときに見かける黒人たちである。

ブラックウェルズ島を抜けるときに、一台のリムジンとすれ違った。運転手は白人で、客席には当世風のなりをした三人の黒人が座っていた。若い男が二人と、娘が一人。彼らはいかにも尊大に、対抗心をむき出しにしてこちらを睨み、どんぐり眼《まなこ》をくりくりさせたので、僕は思わずふきだしてしまった。

「この橋をいったん越えてしまえば、どんなことも可能になるのだ」と僕は思った。

「思いも寄らぬことさえ……」

そう、このギャツビーですらそれほど突飛ともいえない存在になってしまう。(73)


ここでの黒人たちは市民権が与えられたかのように描かれているが、車の中の二人の黒人男性は"bucks"という軽蔑語で表現され、ニックに向けられた彼らの眼の描写は、ミンストレル・ショーを思い起こさせるものである。実際、彼らが車という箱の中に閉じ込められているあいだは、かろうじてその市民権も守られているように見えるが、そこから出たとたんにその扱いは変わるのだ。それが黒人の登場するもうひとつの場面であるひき逃げの事故現場である。つまりマートルが車にはねられて死亡するところである。


「この場所の地名は?」と警官が質問した。

「ここには名前なんてありませんや」

肌色の薄い、身なりの良い黒人がそばに寄ってきた。

「黄色い車でした」と彼は言った。「大きな黄色い車です。新車でした」

「事故を目撃したのか？」と警官が訊いた。
「いいえ、でもその車はこの先で、私のすぐ脇を通りすぎていきました。時速は四十マイルより出ていました。五十かあるいは六十か」
「こっちに来て名前を教えてくれ。ほらほら、この人の名前が必要なんだよ」(147)

こうして警察はこの黒人に事情聴取を始めようとするが、結局この男は名前を聞かれることのないまま、その場をトムに仕切られてしまう。この黒人はそれっきり二度と登場しない。身なりはよいが、市民権は与えられない。このことは、第二章のはじめに象徴的に描かれている「灰の谷間」に閉じ込められている人々を思い起こさせるが、この事故現場である「灰の谷間」には、その住人のミカエリスが言うように、名前さえないのである。

このように最終的に詳細なジャズ描写がほとんど削除されたうえに、黒人の存在までもが消されてしまうわけであるが、そこにはフィッツジェラルドなりの特別な意図があったと考えられる。つまり、「描かれていない黒人」という事実が大きな意味を持つのである。言い換えれば、黒人を故意に消すことで、あるいは傍観者的に描くことで、その存在が排除されようとしている事実をより浮き彫りにしているということだ。この黒人の目撃者は二度と登場することはないが、まだ彼はその場にいて、脇からカメラの向けられた中心の場面を見ているはずである。それは、「灰の谷間」のマイノリティーの眼差しであり、黄色いクーペを見つめるマートルの目であり、車に乗ってクイーンズボロ橋を渡る三人組の黒人の目でもある。それぞれ、何かに閉じ込められている状態の人々である。ブレイトウィーザーは以上のように『ギャツビー』における黒人描写に関する分析を行っている（47-51）。

さらに、荒廃した土地を見つめているかのようなT・J・エクルバーグ医師の眼もここに含めることができるかもしれない。それはもはや視力を失い、そのほとんど何も見えそうにない巨大な眼球がこの「ゴミ捨て場」を見下ろしていることの効果は大きい。かりにその眼が見えたとしても、そこは「目に見えない」場所であり「解しがたい」（28）存在なのだから。すべてを奪うだけで、それに対して何も返すことのない支配階級の犠牲となり、塵同然に扱われるのはウィルソンらであり、ギャツビーも同類として扱われている。そして、黒人の場合も、彼らの文化であるジャズは取り込まれたものの、あとは用なしの状態で放置される。こうして、「ギャツビー＝黒人＝ジャズ」という図式が成立する。

アウトサイダーとしてのジャズ

ここで再び「ジャズ版・世界の歴史」が演奏される場面について考えてみると、まず、架空の名前であるウラジミル・トストフのファースト・ネームは、黒人にはあまりありそうなものではなく、むしろそれは新移民の中に見い出せそうな名前である。次に、トストフから連想されるのは、“tossed off” であるとクランデンは指摘する。この “toss off” には、「手軽にやってのける、さっと述べる、払いのける」といった意味がある（Crunden 238）。ギャツビーがこのトストフの「ジャズ版・世界の歴史」をリクエストするという形になっているが、ここから読み取れるのは、ジャズの世界は“toss off”される、つまり、手軽に、簡単に片づけられてしまうことをギャツビーに言わせているということである。これは、アイルランド系であるフィッツジェラルドがアウトサイダーとしての苦汁をなめてきたからこその描き方である。このように、社会の片隅にわざと追いやる形で描くことで、よりその存在が軽視されていることを強調する効果を得ているのだ。

フィッツジェラルド自身、実際にジャズを好んで聞いていたかどうかは別として、ジャズについてあまり知らなかったというのは厳密には間違いで、彼はその社会的位置づけに関してはそれなりに心得ていたと言うべきであろう。それは、「ジャズ・エイジのこだま」を読めば明らかである。

> ジャズという言葉は社会的に立派な言葉として認められるようになったが、その過程において、最初はセックスを意味し、次いでダンス、その後、音楽を意味するようになったのである。それは前線後方の大都会の興奮状態にも似た神経の興奮状態と結びついている。(16)

ここにはジャズが社会的にそれなりの地位を得るまでのプロセスが描かれているが、ギャツビーの時代の白人社会は、ジャズを正しく認識してはおらず、薄っぺらな知識しか持ち合わせていなかった。その歴史的背景などは知らず、自分たちの娯楽のために利用していたにすぎない。

かりにその事情を知っていたにしても、正統なジャズを前景に押し出すことは、黒人文化を容認し、彼らの存在を認めることになってしまう。したがって、あくまでも、それは背景に押し留めておかなければならなかった。そうすることによって、トムの言う「白人の優越性」は保護されるのである。結局のところ、ジャズに関しても、ダンス音楽として利用はするが、その社会的地位を認めることはなかったのである。つまり、「ジャズは受け入れても、その背景にある黒人文化を受け入れたわけではない」ということになる。

　フィッツジェラルドは、同じエッセイのなかでアメリカの新たな力について述べている。

> それはアメリカ本国でなにかが起こりつつあることを暗示していた——アメリカ人は柔弱になっていたのだ。その兆候は他にもみられた。わたしたちはいぜんとしてオリンピックで勝っていたが、その優勝者は名前にほとんど母音がない少数派民族だった——チームもノートルダム大学の「戦うアイルランド人」のように人種が混合し、新しい外国の血から成立っていた。（19 傍点筆者）

　ウラジミルという名前をジャズに関連させて使っているのもこうした理由からだと思われる。フィッツジェラルド自身、社会的に黒人との近似性を感じていたはずであるから、彼らを自分と対極に位置づけることはできなかったにちがいない。また、ギャツビーを育てたウルフシャイムが、ユダヤ系であるという事実もこうしたことを裏付けている。さらに、ウラジミルという名前は、草稿の段階ではユダヤ系を思わせるエプスティアン（エプスタインをもじったものか？）であったことも忘れてはならない。

ジャズに対する白人的見方を最終的に削除した結果、ジャズ、黒人文化に関しての記述があまりにも少ないと言われる結果となった。フィッツジェラルドは、二つのあいだでの葛藤の末、最終的には「アウトサイダー」としての立場を選んだわけであり、また現実にそうせざるをえなかったのである。彼もギャッツビーも、結局は社会のメインストリームの周辺までしか行けなかったのが現実である。手の届きそうなところまで来たものの、実際には手が届かなかったのだ。それは、暗い海に向かって差し出したギャッツビーの両手が震えていることにも端的に現れている。こうした歯がゆさ、苛立ちの中、執筆のプロセスにおいても彼の心は大きく揺らぎ、どちらの立場を取るかの決断はなかなか容易にはできなかったと推測できる。まさに、「僕は内側にいながら、同時に外側にいた」（*Gatsby* 40）という立場だったのである。

ジャズが流れていた二十年代は確かに「ジャズ・エイジ」だった。その意味では、結果的にこのネーミングは間違ってはいなかったことになる。ただ、それは白人のものであり、そこにジャズという音楽はあっても黒人の文化は排除されていた。つまり、それは「白人のジャズ・エイジ」であり、「黒人のジャズ・エイジ」は含まれていなかった。黒人不在の「ジャズ・エイジ」であったのだ。その意味においては、フィッツジェラルドが二十年代を「ジャズ・エイジ」と名づけたのは少々安易であったということになる。

ただ、そうした背景には、マス・メディアの台頭がある。

しばらくのあいだ、というのは私がそんな役まわりには向いていないんだというのがはっきりするまでのことだが、私は時代の代弁者《スポークスマン》というだけでなく、時代の申し子という地位にまで祀り上げられてしまった。私がである。新米のレポーターほどもニューヨークの事情を知らず、リッツのダンス・ホールで女の子を物色している洒落者《スタッグ・ライン》ほどもその社交界を知らぬこの私がである。私は（中略）いったいニューヨークが自分に何を求めているのかがうまく理解できず、それで少々頭が混乱してしまったようだった。（『マイ・ロスト・シティー』27）

これはメディアが大衆を動かし、ひとつのイメージを作っていくという構図であり、フィッツジェラルドはそれに一役買わされた犠牲者であったのだ。そして最後は「ジャズ・エイジ」の名づけ親である彼自身も世間から見捨てられていった。実に皮肉なことである。このように、フィッツジェラルドは、安易に生産し消費されていく二十年代の時代風潮の中でジャズが受けた扱いとある意味で同じ運命をたどったのだ。こうした状況を把握していたフィッツジェラルドが『ギャツビー』に描いた二十年代には、描かないことによって静かに訴えようとしたもうひとつの側面があったのであり、それこそが彼の生きた現実の二十年代であったのだ。

　ニックが最後に「トムもギャツビーもデイジーも、ジョーダンも僕も、全員が西部の出身者」だったと言っているのは、アメリカ人は多少の歴史の長さの違いがあるにせよ、皆アメリカ人としての共通点を持っているのだということだろう。ジャズと同様、境界線を越えていろんなものがクロスオーバーし、混じり合い、アメリカの新たな文化が形成されていくのだという考え方に至るのだ。もちろん、その過程では迷いや動揺が生じるわけだが、ニックはギャツビーとの交流の中でアメリカの持つ現実に少しずつ目覚めていく。またギャツビーと一線を画したいと考えているトムにしても、所詮は同じ行為をしているのだと気づく。ギャツビーの行為を白人と黒人の間の「雑婚」だと非難するトムも、「白いフェンス」を越えて愛人に会いに行くことで他の領域に足を踏み入れ、不貞を働いているのだ。それをニックは非難している。

フィッツジェラルドとしては、ギャツビーの神秘性を強調するために、早い段階で彼とジャズを結びつけることを避けたのだ。作品の価値を損なわないためである。結局、草稿段階でのジャズ描写はほとんど削除されたが、それはギャツビーという人物の形で作品に残っているのだ。つまり彼がジャズそのものを体現しているのであり、物語が進行するにつれ、ギャツビーのジャズ性が強調される結果となっている。そして、ギャツビーに対するニックの揺れる気持ちこそが当時の人々の気持ちを代弁しているのだ。このように、フィッツジェラルドは最後までアメリカ人とは何かという根源的な問題の答えを探し続けたのであった。

五度目の映画化

以上見てきたように、フィッツジェラルドの『グレート・ギャツビー』においては、ジャズ、そして黒人は意図的に消されていた。それが二十一世紀に入り、二〇一三年に公開されたバズ・ラーマン監督の《華麗なるギャツビー》では、なんとこのジャズが前面に押し出される形で描かれているのだ。それはまさに「よみがえるジャズ」とも呼べるような存在感を発揮している。今回を含め、この小説はこれまでに五回映画化されてきているが、ジャック・クレイトン版（一九七四年）を見ても、A＆Eのテレビ版（二〇〇〇）を見ても、原作同様にジャズは背景に追いやられている（それはおそらく他の二本の翻案においても同様であろう）。また、我が国においても、宝塚が一九九一年に舞台化しているが、そこでもジャズはまったく取り入れられていない。その意味では、すべてが原作に忠実であったと言えるかもしれないが、それが意図的に消されているという事実を考えたとき、そのことはうまく描き出せていたのだろうかという疑問は残る。その点、ラーマンの翻案はどうなのだろうか。彼がジャズを全面的にフィーチャーした意図はどこにあるのだろうか。

まず言えることは、そこには現代性が盛り込まれていることである。原作に現代的解釈が施されているのだ。一九二〇年代とは違い、二十一世紀に突入した現代社会では、人種差別は依然として残るものの、ラルフ・エリスンの『見えない人間』（一九五二）に描かれているような存在ではなくなっている。黒人は六十年代以降、社会におけるその地位をはるかに存在感あるものにしている。もはやかつてのように背景に追いやられる存在ではないのだ。つまり、その意味において、この映画は現代における黒人の地位を視野に入れた翻案なのである。

一九二〇年代当時、ジャズは確実に「忍び寄る」存在ではあったが、やはり残念ながらそれは白人によって搾取されていた。とはいえ、白人たちはその存在を確実に意識し、いずれは自分たちにとっての脅威になることを察知していた。ラーマンはそのジャズがその後どのようにその地位を向上させていったのかをこの映画で描いていると言える。ただ、それによって原作の意図がまったく違ったものに変えられてしまっては意味がない。この翻案によってフィッツジェラルドの「ジャズ性」はどう解釈されているのか。それによって、『ギャツビー』の今日性がどう浮き彫りにされているのか。これに成功していなければ、この翻案は原作を殺したことになるだろう。

脇役に過ぎなかったジャズ（黒人）が前面に出てきたからといって、ギャツビーの悲劇は依然として悲劇である。むしろ、今日においても、白人の、特にワスプの絶大な力は保たれているのであり、彼らの横柄さ、無神経さが今もかつてと同じである点がより強調される結果となっている。つまり、体制側、支配者側の存在は今も昔も変わらないものであり、抑圧される側の地位は、外見的には向上していても、白人対黒人（支配者側対被支配者側）の構図は何も変化していないということがより鮮明に浮かび上がってくる。彼らの造り上げた高く強固な壁には誰も太刀打ちできないのである。

しかし決してあきらめてはならない。いつかはきっと、という夢を抱き続けることが大切なのだ。ジャズが常に演奏を通して自由を追い求めてきたように。不条理きわまりない現代においては、ラーマンの描くニックは『キャッチャー・イン・ザ・ライ』（一九五一）のホールデンのごとく精神を病んでしまう。サリンジャーがＰＴＳＤ（心的外傷後ストレス障害）に苦しんでいたことは最近の伝記などでも明らかにされていることだが、その体験が『キャッチャー』にも反映されていたわけである。ニックの物語は戦争体験から生まれたものではないものの、同様に東部での一夏の体験がフラッシュバックとしてよみがえったことは事実である。単に小説や映画におけるフラッシュバック手法というだけではなく、精神的疾患としてのフラッシュバックを体験したのである。その意味では、ニックとホールデンは同列に扱うことができる。

それでも映画の中のニックは最後には回復を遂げるのである。そして、原作のニックと同様に、明日に向かって歩み始めるのだ。ギャツビーの「できないわけがないじゃないか《オフコース・ユウ・キャン》!」(116)の精神を忘れずに。われわれは常に彼の父親の言う「ジミーは出世するようにできていたのですよ」(182)という言葉を忘れてはならない。映画の最後でニックが、自分が書き上げた作品のタイトル“Gatsby”に“The Great”の二語を書き加える場面はそのことを物語っている。ギャツビーは無残に殺されてもその精神は生きているのだ。彼は「偉大な」アメリカ精神を身をもって実践した人物だったことがわかる。

アメリカン・ドリームの衰退を描いた作品は他にも存在するが、『ギャツビー』は断トツに人気がある。現実を敵視するギャツビーの特性は、夢を見ることを好む人々の習性にピッタリなのである。現実に身を任せるよりも可能性に賭けたいのだ。「過去は繰り返せる」「すべて元通りに戻してみせる」というギャツビーの確固たる姿勢には、どこかアメリカ人の魂を揺さぶる魅力があるのではないだろうか。そこにはアメリカ人特有の「西部への衝動」がある。いかに東部で成功を収めようと、あるいは東部的エスタブリッシュメントの世界に身を置こうとも、彼らは常に粗野な西部的な面を出そうとする。そんな人々の中には、アメリカの国民的ヒーローであるホッパロング・キャシディー的なものへの憧れが今も生き続けているのだ。若き日のギャツビーが愛読していたのは、この西部劇のヒーローの物語だ。

さらにアメリカ人の想像力を掻き立てるのは、「そうすればある晴れた朝に——」に込められた可能性だ。彼らはその向こう側にある何か輝くものを常にどこかで信じているのだ。「明日はもっと速く走ろう」（189）という移動のイメージもアメリカ人の原点だ。この作品世界は視覚的にも非常にカラフルであり、金や銀のリッチなイメージにもあふれている。どこか野暮ったいが、思い切り華美な世界なのだ。それは確実にアメリカが最も輝いていた時代であり、切なくもきらびやかな世界そのものだった。そんな魅力から彼らはどうしても離れることができない。かりに俗悪であるとしても、そこにはアメリカそのものが凝縮されているのだ。良くも悪くも、『ギャツビー』は、世界が羨んだアメリカの特質をもっとも兼ね備えている作品だからこそ、ハリウッドが繰り返し取り上げたくなるのだろう。

バズ・ラーマンの華麗なる裏切り

小説の映画化にはいつも期待と失望がつきまとう。ましてそれが自分の愛読する作品ならなおさらだ。筆者自身、今回のバズ・ラーマンによる『グレート・ギャツビー』の映画化には、当初からあまり期待はしていなかった。時代背景こそ華やかだが、それは主人公のひたむきな心の動きを描いた作品であり、視覚化が難しいからだ。ましてそれを3Dで描くというのだから、ただジャズ・エイジという時代を派手に演出したいだけなのだろうとある意味で醒めていた。ところがどうだろう。その映像を見て完全に打ちのめされてしまった。二時間二〇分の枠の中にほとんどすべてが見事に描き出されているのだ。何よりも原作の読みと解釈がきちんとなされている。もちろん足りない点もなくはない。しかし、この作品の愛読者としての細やかな解釈が、立体的に奥行きをもって映像化されているのだ。たとえば、クリップスプリンガーが、ギャツビーの家に置き忘れた靴をニックに送ってほしいと頼むくだりがあるが、その靴が映像では彼が演奏するパイプオルガンの上にさりげなく置かれているのだ。そして何よりも、最後の場面に明らかなように、この作品が語り手ニックの物語であることをしっかりと捉えている点は見事である。シャツを投げる場面も、その派手さよりもデイジーの反応（表情）の描き方に感動を覚えた。原作の切なさがここに集約されていると言っても過言ではない。

ジャズ・エイジの雰囲気を当時のジャズと現代のヒップホップとで醸し出し、まさに華麗に彩りつつも、登場人物たちはみなその背後に潜む虚しさや悲しみをしっかりと演じている。ニックの切なげな語り口がギャツビーの心情を巧妙に代弁している。そして、ディカプリオ扮するギャツビーの最高の笑顔とギャングの形相の好対照、そして哀しい最期の名演技は七四年版のレッドフォードを超えている。決定的な違いはギャツビー特有の粗野な部分の演出だろう。レッドフォードの場合、どこか洗練されすぎた主人公の姿が目立っていたようだ。それに比べると、ディカプリオは原作にある西部的な特質をうまく表現していた。もちろん、主人公の内に秘めた静かで力強い信念という点では、レッドフォードも負けてはいない。遠くの地震をも感知するかのような「とぎすまされた感覚」、「尋常ではない希望」や「強い夢想」(6)を抱く傾向など、その内省的な特質に関してはレッドフォードのほうが一枚上手だったかもしれない。

今なお七四年版を好むファンが多いのも十分うなずける。

同時代的解釈

二つの翻案に優劣をつけることは本意ではないが、なんといってもラーマンの翻案の魅力はその現代性にあると言える。一九二五年に原作が世に出てから、そろそろ一世紀近くになろうとしている今、ラーマンの作品は『ギャツビー』という古典の持つ現代性を見事に描き出している。原作のスピリットを壊すことなく、現代風に大幅なアレンジが施されているのだ。確かに描き方に少々行き過ぎがあったり、矛盾点が見られたりもする。しかしそれは原作の良さを損なうものではなく、この映画自体の魅力を軽減させるものでもない。むしろ原作の価値をより高めることに成功したと言えるのではないだろうか。

柴田元幸は筆者との対談において、次のように言っている。

古典の現代解釈の一つとして、現代の要素を物語に盛り込むこと自体はとてもいいと思うんです。たとえば、レオス・カラックスがハーマン・メルヴィルの小説『ピエール』を《ポーラX》(99)として映画化したときに、19世紀半ばのアメリカで未婚のまま妊娠して村八分にされる女の子を旧ユーゴの難民に置き換えていましたが、ああいうのは非常に巧い翻案だと思います。(「キネマ旬報」30)

まさにこれも現代風にアレンジした翻案の好例である。ラーマンの場合は、さらに音楽においても同じことを試みている。これに関しては、柴田は「１９２０年代の音楽をヒップホップに置き換える場合には、見る人に同時代的な快感が沸き起こらないことにはね」と若干懐疑的な見解を示しているが、ヒップホップを「現代におけるジャズの進化形」（同書 30）として捉えれば、それは一本の線として抵抗なくつながっていると言える。映画の中でも使われている「セントルイス・ブルース」から、今日ここまで進化してきたのだという歴史がそこには見出せる。また、パーティーの中心となって歌い踊るのは、キャブ・キャロウェイを彷彿とさせる人物であり、彼は今日のヒップホップにも影響を与えたとされている点を忘れてはならない。そしてさらに注目しなければならないのは、この派手に演出されたパーティーのクライマックスに使われている曲が、「ラプソディー・イン・ブルー」だということだ。これはいうまでもなくギャツビーの庭で演奏された「ジャズ版・世界の歴史」を彷彿とさせるものであり、その音楽を背景にギャツビーは最高の笑顔で我々を迎えてくれるのだ。

前半で詳しく分析したように、ジャズや黒人がことごとく削除されている原作だが、ラーマンの翻案においては、

ギャツビーの使用人など、黒人が随所に登場しています。クイーンズボロ・ブリッジですれ違う白人のショーファーが運転する車に乗った黒人のグループも、かなり派手で印象的に描かれているでしょう。このあたりにも僕は原作と映画の時代的な距離を感じ

るんです（同書31）。

ただし、この翻案においてジャズがよみがえっていることは確かだが、やはりそれはあくまでも脇役に過ぎないことも事実だ。これを前面によみがえらせることで原作の社会状況が間違って描かれてはいけない。その点は何よりも重要だが、ラーマンはジャズが確実に存在していたことを描いてはいるものの、それは主役ではなく、支配階級のエンタテインメントとして利用されているに過ぎないことを忘れてはいない。

ギャツビーが主催するパーティーにおいて、ジャズが華々しく登場すること、また彼の仕事仲間であるウルフシャイムと会う場面において黒人が多く登場している点は見逃せない。トムのような旧移民階級にとっては、それはビージーエムに過ぎないが、ギャツビーやウルフシャイムにとっては、つまり新移民の側からすれば、それは自分たちの同類の力の台頭を意味しているのだ。つまり、彼らもジャズ同様に、社会においては脇役なのだ。

別の見方をすれば、ジャズがパワフルに描かれれば描かれるほど、新移民の台頭が見て取れるわけであり、それはトムが危惧する有色人種の勃興につながるのである。しかし、最後にギャツビーが殺されるということは、結局ジャズは消されたことになるのだ。その意味では、ラーマンの翻案が著しく原作の意図から逸脱したわけではないことがわかる。ただ、新移民の台頭ぶりに焦点を合わせたに過ぎないのだ。その落差が激しいだけに、より消されたという感じが強く出ているとも言える。

また、本来ユダヤ系であるウルフシャイムがインド系の俳優によって演じられている点も見逃せない。それは、今日においてはインド系の人々が、かつてのユダヤ系のように台頭してきている点を盛り込んでいるのだ。それこそがまさに現代性を前面に出していると言える点だ。

ユダヤ人の出し方も印象的でしたね。ウルフシャイムというギャツビーをつくりあげた影の人物は原作でもはっきりユダヤ人として描かれていますが、今回の映画はそれだけでなく、ギャツビーが雇っている執事にわざわざ、Herzogというユダヤ系らしい名を付けていたりする。あの執事は原作では名前がないので、かなり意識的にそういうことをやっているんですね（同書31）。

インド系に取って代わられたユダヤ系は、ギャツビーの執事として再登場している。これはもちろん原作とは違っているわけだが、大局的に見れば何ら違いはない。彼らは同類として描かれているのだ。トムやデイジーたちとは別なのだ。ちなみにこの映画で彼らに仕える執事はフランス語を話す人種である。

それも一種の現代的な翻案なんじゃないでしょうか。つまり、ギャツビーが愛するデイジーやその夫であるトムは古いタイプの成り上がり者で、みんなアングロサクソン系でしょう。それに対してギャツビーはウルフシャイムのような新しいタイプの成り上がり者に寄り添うことでしか這い上がっていけない。１９２０年代にはその新しいタイプの金持ちがユダヤ人だったけれど、現代に置き換えるとインド系になるというね（同書31）。

ラーマンによる『ギャツビー』の翻案は、「単なるノスタルジアに流れないという姿勢」（同書31）をしっかりと保っている。ラーマンの翻案は、七四年版と比べてみても、原作の要所要所は同じように取り入れられており、基本的にはその翻案に大きな違いはないと言っていい。ただ、決定的に違うのは現代風へのアレンジということになる。ジャズを全面的によみがえらせることで、その構図に変化は見られようとも、人種差別は今も根強く生きていることが鮮明に描き出された結果となっている。ただ、それにも屈せず、主人公のギャツビーには一貫した姿勢が身についている。いかに時代が変化しようとも、変わらない体制がそこにはある。それに常に立ち向かっていく姿勢を我々は忘れてはならない。

ニックから「過去は繰り返せない」と言われたギャツビーが「なにを言うんだ。繰り返せるに決まってるじゃないか！」と返すところは非常に重要な箇所ですけれど、74年版も今回の映画も、そのときの演技はすごくいいんですね。それぞれ持ち味がある。ギャツビーの持っている、誰もが魅了されてしまうような面と、こいつなんでこんな当たり前のこともわかってないんだ、という面がまさに垣間見えるようで。そういう根本的な部分でのイノセンスを抱えているからこそ、あれだけひたむきになれるわけですからね（同書32）。

このイノセンスこそが彼の魅力であり、アメリカ人のみならず、誰もがあこがれる部分である。それは失われていくもののひとつの代名詞であるといってもいいくらいに、我々から日々遠ざかっていくものかもしれない。だからこそこの物語にはひとつの永遠性が与えられているのだ。我々がイノセンスへのあこがれを失わないかぎり、この物語は読み続けられ、時代が変わるごとに映画への翻案が試み続けられるのだろう。そしてギャツビーはいつの時代においても、いかなる状況においても「ジャズ」そのものであり続けるのだ――「オフコース・ユウ・キャン！できないわけがないじゃないか！」

註

＊本章の前半部は、「白人のジャズ・エイジと黒人のジャズ・エイジ――*The Great Gatsby* の20年代」（「ヘミングウェイ研究」第3号（二〇〇二年五月）を改稿したものである。また、後半部の「バズ・ラーマンの華麗なる裏切り」は、「華やかなジャズ・エイジに潜む、ひたむきな心、哀しみの極点。」（「フィガロジャポン」二〇一三年八月号）に若干の加筆修正を施したものである。

＊削除されたジャズ描写に関しては、Kristin K. Henson が“A Big Sensation: F. Scott Fitzgerald and Jazz Anxiety”（*Beyond the Sound Barrier* の第二章）のなかで詳細に分析を行っており、ここから多くの示唆を得たことを明記しておく。

＊邦訳のない文献からの引用の訳は、すべて引用者による。

参考文献

Breitwieser, Mitchell. “*The Great Gatsby*: Grief, Jazz and the Eye-Witness.” *Arizona Quarterly* vol.47. no.3, 1991. 17-70.

Crunden, Robert M. *Body and Soul: The Making of American Modernism.* New York: Basic Books, 2000.

Ellison, Ralph. "Little Man at Chehaw Station." *Going into the Territory.* New York: Vintage Books, 1986. 3-38.

Fitzgerald, F. Scott. "Echoes of the Jazz Age." *The Crack-Up.* Ed. Edmund Wilson. New York: New Directions, 1945. 13-22.「ジャズ・エイジのこだま」井上謙治訳『崩壊――フィッツジェラルド作品集3』渥美昭夫、井上謙治編、荒地出版社、一九八一年

———. *The Great Gatsby.* 1925. The Authorized Text. New York: Scribner's, 1992.『グレート・ギャツビー』村上春樹訳、中央公論新社（村上春樹翻訳ライブラリー）二〇〇六年

———. *The Great Gatsby: A Facsimile of the Manuscript.* Ed. Matthew J. Bruccoli. Washington D. C.: Microcard Editions Books, 1973.

———. "My Lost City." *The Crack-Up.* Ed. Edmund Wilson. New York: New Directions, 1945. 23-33.「マイ・ロスト・シティー」『マイ・ロスト・シティー』村上春樹訳、中央公論新社（村上春樹翻訳ライブラリー）二〇〇六年

———. *Trimalchio: An Early Version of "The Great Gatsby."* Ed. James L. W. West III. Cambridge: Cambridge UP, 2000.

Henson, Kristin K. *Beyond the Sound Barrier: The Jazz Controversy in Twentieth-Century American Fiction.* New York: Routledge, 2003.

Jay, Gregory S. *American Literature and the Cultural Wars.* Ithaca: Cornell UP, 1997.

Meltzer, David. *Reading Jazz.* San Francisco: Mercury House, 1993.

Ogren, Kathy J. *The Jazz Revolution: Twenties America and the Meaning of Jazz.* New York: Oxford UP, 1989.

柴田元幸、宮脇俊文「バズラーマン MEETS フィッツジェラルド『華麗なるギャツビー』」（「キネマ旬報」二〇一三年七月上旬号、キネマ旬報社）

Vechten, Carl Van. *Nigger Heaven.* Champaign, IL: U of Illinois P, 2000.『ニガー・ヘブン』三宅美千代訳、未知谷、二〇一六年

DVD《華麗なるギャツビー》ワーナー・ホーム・ビデオ、二〇一四年

V

田中優子

近世小説を近代的価値観で描いた溝口健二映画

——上田秋成『雨月物語』と井原西鶴『好色一代女』

《雨月物語》（Cosmo Contents Co.,Ltd.）
《西鶴一代女》（Cosmo Contents Co.,Ltd.）

はじめに——近世小説とは

近世（江戸時代）の文学は、和歌俳諧を基礎にして、物語、絵本類（絵入り本）、随筆、俳文、語り物など多種多様である。物語には、『南総里見八犬伝』のように長く連載した長編物語から、中編物語、短編集などさまざまな様式がある。語り物は、浄瑠璃、講談、新内、長唄など音曲をともなうものが本としても刊行され、一種の小説として扱われていた。

絵入り本のひとつである黄表紙『江戸生艶気樺焼（えどむまれうわきのかばやき）』は、新内を読む場面から始まり、主人公がそのストーリーを生きようとする。出版と読書が社会のなかで重要な位置を占め、人の生き様が物語になるのではなく、人が物語を生きる「ドン・キホーテ型」の精神状態が生まれていたことを示すものだ。

今のジャンルに対応せず、表現する言葉がみつからないジャンルもある。たとえば「洒落本」というジャンルは、平凡社の世界大百科事典で「江戸時代の小説形態の一種」と表現されているが、中身は会話体ドキュメントである。『浮世風呂』は同様に会話体ドキュメントであるが、こちらは百科事典で「滑稽本」と表現している。ひっくるめて「戯作」と言われる場合がある。舞台背景が違うと言えばそのとおりだが、方法をそのまま表現して「会話体小説」と言えばわかりやすい。長編物語類は江戸時代には「読本（よみほん）」と言われていたが、こちらも「長編小説」と言えばよい。短編集形式の物語は、「読本」と分類されるものと「浮世草子」と分類されるものがある。これも「短編集型小説」と言えば想像しやすい。ちなみに江戸時代には小説というジャンルがない。そもそも中国の概念なので言葉はあったが、ジャンル名称としては使われなかった。

近世の小説分類について書いてきたのには理由がある。ここでは上田秋成の『雨月物語』（一七六八年成立）と、井原西鶴の『好色一代女』（一六八六年刊）を、それぞれの映画との関係で取り上げるのだが、まずそれらを「小説」と言うことにする、という宣言が必要なのだ。そうでないと、「小説と映画」という題名にふさわしくない、とする批評も出て来るであろう。学問分野の言葉では、『雨月物語』は読本であり、『好色一代女』は浮世草子である。つまりジャンルが異なる。しかし構成は両者とも短編集なので、「短編集型小説」と名付けることにする。問題はこれで終わらない。同じ「短編集型小説」であるのだが、『雨月物語』は各々が独立した九篇の物語で構成され、『好色一代女』は独立していない、続きものの二四篇の短編で構成されているのである。

『雨月物語』の九篇は登場人物も背景も時代も場所も異なる。共通しているのは日本の地であり、登場人物が日本人であることだ。なぜそれが重要かというと、この九篇の多くのものが、もとは中国の地で中国人を主人公として書かれた物語だったからである。つまり映画になる前に、オリジナルのストーリーは一度改編されている。

一方『好色一代女』は、主人公は終始、同一人物であり、物語が展開する場所も京阪の範囲である。同じ主人公を年代を追って描きつつ、それでも構成が短編になっているという方法は、『好色一代男』『好色一代女』の共通の方法である。一方、『世間胸算用』『日本永代蔵』などは完全な独立した短編集だ。さらに中間形態がある。『好色五人女』は主人公が五人いて、それぞれ一巻ずつ割り当てられているが、一巻ごとに五篇の短編に分かれている。『諸艶大鑑（しょえんおおかがみ）』は『好色二代男』とも称されるが、最初だけ主人公が同一でほとんどは独立した短編集である。

そこで、このような構成をもった小説を映画にするとはどういうことか、を考えたい。そこにはどのような方法が創出されるのか？　それが本論の関心事である。

『雨月物語』と『好色一代女』を選んだ理由は、ひとつには、近世小説を映画化したものが極めて少ない、ということである。時代ものの映画はたくさんあるが、そのほとんどは近代に書かれた時代小説、歴史小説の映画化であり、それがいわゆる「時代劇」をつくってきた。時代劇とそのテレビドラマ化、映画化は、近代の作品群である。一方、近松門左衛門の浄瑠璃はその多くが映画化、ドラマ化されているが、これらは「小説」ではなく語り物なので、本論の対象からはずさざるを得なかった。

そこで、近世小説を映画化し、論ずるに足る表現をもっているものは限られる。なかでも、「短編集を映画化する」という困難な課題に挑戦し、成功をおさめたものも少ない。絞った結果、溝口健二監督《雨月物語》《西鶴一代女》になった。

ここで、「小説ではない」という理由で本論の対象からはずした近松作品の映画化について、少しだけ述べておこう。篠田正浩監督《心中天網島》《鑓の権三》(『鑓の権三重帷子』)、増村保造監督《曽根崎心中》、溝口健二監督《近松物語》(『大経師昔話』)今井正監督《夜の鼓》(『堀川波鼓』)など、近松門左衛門の浄瑠璃作品はたびたび映画化されている(括弧内はもとの浄瑠璃題名)。『女殺油地獄』は管見でも五作の映画と、二作のテレビドラマがある。この中で《近松物語》は原作の『大経師昔話』に拠ってではなく、川口松太郎作『おさん茂兵衛』に拠って映画化され、『女殺油地獄』もさまざまな脚色がされた。

近松ものの映画化、ドラマ化は全体として質が高い。篠田正浩《心中天網島》はその中でも群を抜いている。その理由は、単にストーリーを映画にしたのではなく、人形浄瑠璃の本質をおさえているからである。篠田が理解していたその本質を、富岡多恵子が言葉にし、武満徹が音にし、中村吉右衛門が歌舞伎役者の身体で支え、岩下志麻が二役の人形ぶりで表現することによって、「映画による浄瑠璃の現代芸術化」を果たした。この作品は時間を経ても古くならない高度な普遍性をもった傑作だということができる。

テレビドラマでの傑作は一九八四年ＮＨＫ放映の「女殺油地獄」である。篠田正浩《心中天網島》の脚本を書いた富岡多恵子が脚色し、和田勉が監督した。配役では松田優作の与兵衛と、二代目中村又五郎の父親が、現代社会における父親不在の父子関係と、大人になりきれない孤独な若者の殺人を描ききり、現代のドラマとしても見ることができる、極めて印象深い作品になった。この場合は浄瑠璃の本質のほうではなく、近松心中ものがそもそも持っていた、実際の事件を通して社会を描く、という本質を引き継いだのである。

上田秋成『雨月物語』と溝口健二《雨月物語》

近松ものの映像化がそうであったように、近世小説の映画化もまた、時代の中で再解釈される、という運命を免れない。溝口健二の《雨月物語》（一九五三年）は、結論から言ってしまえば、上田秋成の作品を近代的価値観によって編集し直した映画である。この場合、編集は二つの意味でおこなわれている。一つは、独立した短篇小説数篇を、ひとつの一貫した物語に編集しなおすことである。もうひとつは、そこに、原作にはなかった、近代の男性の価値観を批評的に描き出すという目標を設けたことだ。

映画《雨月物語》の表現は特に、はじまりの部分で「古典」であることを強調している。たとえば能の謡が流れる。タイトルバックは漆蒔絵が使われる。さらに、琵琶の伴奏も使用される。これらは江戸時代を表象するアイテムではなく、むしろ中世のアイテムだ。

確かに映画の時代設定は一五七三年の北近江である。茅葺と木羽葺の屋根が見え、村落であることがわかる。織田信長の時代だ。信長の四天王と言われた柴田勝家、丹波長秀、そして秀吉の軍勢が動いた長浜を中心に舞台設定をしている。

柴田の軍勢は農村を荒らし、人々に「狼のような奴ら」と呼ばれている。日々戦乱があって農村が荒廃する戦国時代を背景に、「金儲け」や「戦果」にこそ価値がある、と考えてしまった、農業と陶器造りにたずさわる男たちが主人公である。源十郎とその弟の藤兵衛は、焼き物を売りに長浜の市に出かける。秀吉の占領下に入った長浜が賑わい、どうやら良い商売ができそうなのだ。弟の方は自分も兵士になりたくて、兄についていく。思った通り陶器は売れ、源十郎は夢中になって焼き物作りを続ける。そのような夫を見て、妻、宮木は思う。「夫婦共稼ぎで楽しく日々を過ごせばよいと考えているが、夫は金を稼ぐことに焦っている。いくさは人まで変えてしまう」と。

村にはたびたび兵士が入って来て荒らしまわる。源十郎と藤兵衛は、家族を連れて裏道を使い船で長浜へ向かう。しかし途中で、海賊に襲われたという瀕死の男と出会う。そこで宮木と子供だけを村に返す。長浜で源十郎の焼物はよく売れ、金を得た弟の藤兵衛は「侍になる」と、具足と槍を買って兵隊の中に入っていく。藤兵衛を探していた妻の阿浜は兵の集団に強姦されてしまう。

一方、焼物を頼まれた源十郎は、若狭という女の屋敷へ届ける。若狭から歓待され供宴となる。若狭は織田信長に滅ぼされた朽木氏の生き残りであるという。

村へ帰る途中、宮木と子は兵隊に見つかり宮木は殺された。藤兵衛は切腹した敵の大将の首を拾い、手柄を立てる。しかし家来を連れて村へと帰る途中、出会ったのは遊女になって生き延びる妻の姿だった。

源十郎は若狭のために着物を買い、朽木屋敷へ届けるよう頼むと、店の主人は怖がって断る。神官からは「死相が浮かんでいる」と言われ、呪文を体に書いてもらう。その夜、若狭は呪文のため源十郎に触れることができない。源十郎は翌日、野原の中で目を覚ます。朽木家は崩れ果て、全てが幻想であったことがわかった。村に戻ると村は荒廃し家族もいない。家の中には妻の宮木がいるが、やがてそれも幻想であることがわかる。

藤兵衛は妻の阿浜と村へ帰り、もとのとおり畑を耕す。源十郎はもとのとおり焼物を作る。

映画のストーリーは以上のようなものだが、これは原作の『雨月物語』とは異なる。なぜなら、映画は『雨月物語』の三つの短編を合わせて創作した、新たな物語だからである。つまり、短編集型小説はそのままでは映画にならない。映画の尺に合った起承転結のストーリーを作るのがまず映画には必要で、そこに押し込まねばならない。映画では「浅茅が宿」を大枠にしている。この篇の女主人公は宮木といい、その名前を使っている。夫は源十郎ではなく勝四郎という。子供はいない。場所は関西ではなく関東の下総国、葛飾郡真間、今の千葉県市川市である。

時代設定は享徳の乱の時代である。「鎌倉の御所成氏朝臣、管領の上杉と御中放て、舘兵火に跡なく滅ければ、御所は総州の御味方へ落ちさせ給ふより、関の東忽ちに乱れ」という記述がある。これは、今の暦で一四五五年一月から一四八三年一月に展開した乱である。映画より一〇〇年も前の設定だ。足利義政の時に起こった内乱で、鎌倉公方・足利成氏が関東管領・上杉憲忠を暗殺したことをきっかけに、幕府、山内・扇谷の上杉、鎌倉公方が争い、関東一円に戦火が拡大した。

そこでこの勝四郎という男だが、家は、多くの田畑をもった裕福な農家であった。しかし本人は「農作をうたてき物に厭ひ」、つまり農業をいやがって働かないものだから貧しくなっていった。やがて親戚にもばかにされるようになる。それを悔しいと思い、家をもう一度豊かにしようとするのだが、だからといって農業で働くことはしない。そうこうしているうちに、足利染めの絹を商って京都と関東を行き来する男と知り合う。勝四郎は「京都で商人になって儲けよう」と思う。しかし元手がない。そこで、残った田も売り、それを元手に絹を買って京都に行ってしまう。

宮木は、映画と同じように夫を止める。しかしそれは、映画の宮木が言うような、「夫婦共稼ぎで楽しく日々を過ごせばよいではないか」という明確な価値観を持った主張ではない。単に心細いのである。やがて戦乱は村に及び、宮木は待ち続けるが、寛正二年（一四六一年）の畠山義就の乱によって、今度は京都周辺が騒がしくなり、勝四郎は帰れなくなる。じきに応仁の乱である。

勝四郎が帰ったのは七年後であった。家に至ると宮木が待っている。勝四郎は宮木に向かって、戦乱のありさまを詳しく語っている。山賊が出没して旅人の金銭や衣服を奪い、新しい関が儲けられて行き来が止められ、四方八方灰燼となっている、と。宮木もまた、村人が次々と村を捨てて海や山に隠れ住んだこと、自分はひとりでとどまり、堪え忍んだことを語る。実にリアルな会話だ。

しかし一夜あけると、屋根はまくれ上がり、家は廃墟となっていて妻はいない。ここで、亡霊であったことがわかる。

この篇には二つのテーマがある。ひとつは、勝四郎のように大人になりきれない青年が働くことを厭い、濡れ手で粟を狙って投資することの愚かさである。いつの時代にもいるであろうが、流通と商業が発達した江戸時代にはそういう人々が出現し離農しては失敗していたであろう。この、浮かれる心をもった青年が大人に育っていく、というイニシエーションの物語は、『雨月物語』には多く見られる。

もうひとつのテーマは戦争である。「菊花の約」と「浅茅が宿」には、戦争は農業やものづくりや流通を邪魔し中断させること、戦乱が運命を変え、恋人や夫婦を分けてしまうこと、そして、にもかかわらず魂が万里を行き（「菊花の約」）、あるいは長い年月待ち続ける（「浅茅が宿」）ことがテーマになっている。

映画《雨月物語》では「夫は金を稼ぐことに焦っている。いくさは人まで変えてしまう」と宮木に語らせている。しかし原作『雨月物語』の勝四郎が金を稼ぎたいのは、単に農業をしたくないからであり、戦争のせいではない。勝四郎も宮木も、戦争によって性格は変えられていないのだが、戦争が運命を変えてしまうのである。

映画ではこのように、「浅茅が宿」で枠組みを作った上で、中に「蛇性の婬」という篇と、「吉備津の釜」という篇の一部を入れ込んだ。「吉備津の釜」は、体中に呪文を書くというくだりのみの利用なので省くとして、「蛇性の婬」は重要な役割を担っている。映画《雨月物語》で朽木家の若狭に相当するのは、「蛇性の婬」の真女児（まなご）である。映画では長浜の郊外だが、原作の場所は熊野灘に面した三輪崎と新宮で、熊野灘の海と吉野川と道成寺をめぐる壮大な物語だ。「蛇性の婬」では本性が蛇であり、亡霊ではない。原作は中国で白蛇伝として語り継がれてきた物語である。時代設定はおこなわれていないが、主人公の豊雄はやはり家業（漁業の親方）を疎んじて「都風」を好み、そちらのものばかり学んでいる。その結果、真女児の美しい表面ばかりが見えて本性が見抜けず、悪い結果になったとしても、自分の精神力でそれを封じ込めることができない。さまざまな人の力を借りてようやく最後に、大蛇は封じ込められることになる。

「浅茅が宿」「蛇性の婬」の共通テーマは、土や海に根差した生業を拒否し、都会的な仕事や生き方の表面にあこがれる男たちの、その心の中に生まれる「幻想」である。その隙に入り込むのは金銭的な富の幻想や、華麗な女性たちの幻想であった。特に豊雄の抱く幻想は単に都会的という言葉では表現しきれない、日本の古典および伝統として創り上げられた、言葉の本来の意味での都会らしさ、すなわち「みやび」なのである。勝四郎は金銭的な富の幻想をもって現実から逃亡し、やがて亡霊と出会う。豊雄は古典美と伝統美によって作られた日本美という幻想をもつことで、それに扮した白蛇の罠にはまる。原作の主人公たちがもったその二つの幻想を、映画の主人公である源十郎は両方もつことになる。

源十郎が長浜で商売をするのは富のためであり、若狭に魅入られていくのは、工芸職人らしい「みやび」への憧憬である。しかしよく考えると、この二つは戦争の基本に居座る二つの幻想なのだ。他の言葉に言い換えると「経済」と「日本民族のアイデンティティ」ということになる。映画《雨月物語》は、その恐怖をともなった「みやび」の美しさを、貴族の化粧と衣装をほどこした京マチコで表現した。一五世紀の日本に、まだあのようなしつらいや化粧や衣装が存在したかどうか、定かではない。むしろ、当時の庶民が心の中に創り上げた「みやび」の形として想定したのであろう。それと同じように、近代の日本人もまた、存在しない「国体」というものを、すでに権力を失っていた天皇を中心に創造することによって、近代の戦争をおこなってきたのである。戦前戦中の男性たちの中に、天皇と国体に対する恋情とも言える熱情を発見できることは、すでに知られている。それは、自らが決してもつことのできない安定した自己肯定が、天皇と国体によってしか得られないことを意味している。

ところで、弟の藤兵衛は原作には存在しない。藤兵衛は、軍事的名誉心に駆られた男として登場する。溝口健二は二人の男の存在に「富」と「軍事的名誉心」と「実体のない美への恋情」を担わせた。そして二人の女たちはそれを冷静に眺めながら、その愚かさを肯定できず、かと言って突き放すこともできないまま、自らがその愚かさの犠牲になっていくしかない。まるで戦時中の「軍国主義国家日本」と「庶民」の関係のようにも見える。

以上のように、溝口健二は『雨月物語』のもっている「愚かさ」や「戦争のもたらす運命」というテーマに刺激を受け、映画《雨月物語》において、そのことの戦後における意味を、短編集の要素から編集し直したのである。田中絹代は原作をはるかに超えて、批評的なまなざしを姿や声に表した。冷静でいくらか低い声、落ち着いた表情とものごし、ゆらぎのない思想の言葉は、まさに「地に足が着いた人間」として、男たちの付和雷同とは対照的である。

しかしそれだけに、そこには女性が描かれていないとも言える。男性のうしろめたさから見た、期待する女性像であり、犠牲を喜んで受け容れる女性像である。実際に宮木は死に、源十郎は生き残る。藤兵衛は、娼婦に身を落とした阿浜によって許されるのである。男たちによるそのような女性への見当違いが続く限り、押し込められた白蛇はいつでもよみがえってくるであろう。

井原西鶴『好色一代女』と溝口健二《西鶴一代女》

映画《西鶴一代女》（一九五二年）は海外で高く評価され、ヴェネツィア国際映画祭で国際賞を受賞した。田中絹代の演技も名演技だと言われた。

しかしそれは、《西鶴一代女》の主人公が、『好色一代女』の主人公とは異次元に創造されたからであろう。『好色一代女』を知っている者から見れば、田中絹代はこの映画にふさわしい女優とは、とても思えない。透徹した知性と冷静さ、腹の据わった落ち着き、少しも愚かさのない性格、それを表すきりっとした厳しい表情。『雨月物語』の女性たちと違って、『好色一代女』の主人公にはそういう側面が少しも見られない。むしろ自分の愚かさを笑いながらおおらかに話せる度量のなかに、当時の遊女の大きさが見えるのである。

まず、始まり方が異なる。映画では奈良の古寺に年をとった娼婦がいる、という始まりになっている。描写としてはどこか乞食のように見える。「零落」という表現なのかも知れないが、それは「遊女」を「娼婦」と読み替えているので、零落の質の違いに気付かないのであろう。原作『好色一代女』では嵯峨の山中に、小さな庵をもって暮らしている高齢の女性を、二人の若い男性が訪ねて話を聞くという始まりかたである。質素な生活だが川の流れる庭もあり、「いかなる御法師ぞ」と思わせるようなしつらいである。女性は出家しているが洒落た着物と帯をつけているので「醜からず」。そこで二人は酒を出してもてなす。女性は琴を弾いて唄う。まるで山水画のように洒落た世界だ。

作品全体にただようのは、瀟洒とユーモアである。キーワードは「恋ほどおかしきはなし」であろう。その「おかし」の意味は、この女性が金銭や生活や地位において有利な方を選択するのではなく、むしろそれを無視して自分自身の恋心に従ってしまうからなのである。たとえば、彼女は公家で働く人の娘で、その関係で官女につかえる仕事をしていた。素晴らしい身分や容貌をもった男性たちが周りにいるなかで、身分の低い、容貌もさほどではない相手に初めての恋をしてしまう。そして結局、相手は亡くなり、自分は追い出される。

「その後」と言いたいが、西鶴の短編集型小説は、同じ主人公に設定しながら、じつは複数の人間の物語を列挙するのである。つまりは、多様な人の多様なエピソードの編集の妙によって成立しているのである。踊りが好きで稽古し、それで評判をとったこと。ある金持ちの夫婦に引き取られたが、あまりに美しいその夫を自分から誘惑し、まだ子供なのにと「大笑い」されながら追い出されたこと。大名の妾として奉公して気に入られ過ぎ、ついに大名が健康を害して亡くなったこと。島原の太夫になっていたとき、あまりにお高くとまって嫌われ、降格されたこと。若衆に男装して僧侶を誘惑し期限つきの妾になった経験など、異なる女性の異なる話が、一人の女性の話として次々とつながっていく。

一貫して、主人公は積極的に誘惑し、自分の人生をしたたかに切り拓いていく。そこには被害者意識もうしろめたさもない。あまりにからっとした話しぶりである。ある時、住まいの隣に高齢の娼婦たちが暮らしていて、その雑談を聞くシーンがある。土のようなおしろいを皺の上に塗って、墨で額ぎわを描き、口紅をべったり塗って出かけ、「何歳か」と聞かれれば五九才なのに「一七です」と答えるなど、全体が笑い話だ。『好色一代男』と対になった、男性と対等な女性の好色話であり、それは当時の読者にとって「笑える」物語だったのである。このことは、春画が男女対等に描かれており、同時に「笑い絵」であったことと、無関係ではないであろう。夫婦に引き取られた主人公が夫を誘惑したのち「大笑い」とともに追い出された話は、性が非難すべきことではなく、基本的には豊穣をもたらす「めでたい」ものだったことと関係がある。

『好色一代女』は基本的に笑話短編集であると聞いたなら、《西鶴一代女》を見た人は信じられないであろう。映画《西鶴一代女》は「奥方の妬みにあい実家へ返されてしまった」「金策に詰まった父親に島原の郭に売られてしまった」「住み込み女中となったお春は、その家の妻に嫉妬され追い出されてしまった」「やっと結婚したが、夫が殺され、無一物で店を出された」「老尼の世話になったが、男に犯されそうになったところを見られて追い出された」「三味線を弾きながら物乞いをする女になっていた」「街娼にまで身を落すことになるが、過労がたたって倒れてしまった」そして最後は、大名のところに残してきた息子に会わせてもらえなかった話も付け加わり、全てが「～された」という受け身形で表現できる「被害者としての悲劇の女性」として描かれているのである。そしてそれを演じるのは、「真面目な」田中絹代である。これほど品のある、頭が良く真面目な女性が、なぜこんなめに会わねばならないのだろう。女性はそれほど差別されていたのだ、という感興を生むには、充分な設定であった。しかしその感興は、『好色一代女』とはかけ離れていたのである。

私は溝口健二の映画の作り方を批判しているのではない。小説が映画になるとき、その両者に価値観の上で大きな隔たりがある場合、原作とはまったく異なる価値観で編集される、という当然のことを言っているのである。

そこから、一九五二年当時の、日本と世界の女性観を感じ取ることができる。一九四五年は、日本に女性参政権が確立した年であった。映画の制作はそこからたった七年しかたっていない。ちなみに、一九四五年に日本とともに女性参政権が確立したのは、フランス、ハンガリー、イタリアである。ヨーロッパはよく似た段階の女性観を持っていたと推測できる。しかし、ヨーロッパには江戸時代がなかった。若衆姿で僧侶と交わり生活の糧を得ていくなどということは、ゲイが日常的であった日本では社会に認められていた。ヨーロッパでは考えられない。島原の太夫が最大限のわがままを言っても通るだけの社会的位置をもっていたことも、想像しにくいであろう。娼婦は娼婦、そのくくりかたでないと、世界には通用しなかったはずだ。世界が理解するには、まだ江戸時代の文化は、あまりにも、知られていなかった。

おわりに

小説と映画の関係を考える場合、言葉が映像に置き換わるだけでなく、その作り手の価値観と知識の範囲が異なる分だけ、異なる作品になる。

しかし映画の方の普及力が大きいと、映画が小説に対する誤解のもとになる。小説が読みにくい古典であった場合、それはさらに顕著となる。時代設定の問題ではなく、それを書いた人と映画にした人の価値観が近ければ、大きな問題ではないように思う。しかし全く異なる場合、その二つが異なる作品であることを伝える手段はあまりない。

問題は二つある。ひとつは、言葉と映像が異なる時間の流れと伝え方を持っている、という点だ。たとえば司馬遼太郎の作品は非常に愛されているが、映画化されたものは少ない。なぜなら、司馬作品の中には歴史に関する独自の「解説」が非常に多く、愛読者はむしろそれを評価しているからである。映画で歴史解説をはさむのは至難の業だ。藤沢周平の作品はよく映画化される。ここには解説がほとんどなく、会話と描写で多くのことを表現しているからである。

もうひとつの問題は、言葉が喚起する映像への想像力と、実際に映像化することとは、全くことなる行為だという点だ。今回取り上げた上田秋成と井原西鶴の作品は、極めて映像的である。『雨月物語』「浅茅の宿」では、勝四郎が帰還したとき、崩壊した村のなかで、自分の家をみつけるシーンがある。日は西に沈み雨雲がたれこめている。見慣れた橋は川に落ち、田畑は荒れほうだい。その中を歩いて行くと、雷に打たれた松の木が一本、雲間からのぞく星の光によって、かすかに見える。これこそ自分の家の印なのである。近づいていくと、戸の間からわずかに燈火が漏れている。

このように、歩いて行く過程を描写する方法は、江戸時代の小説で洗練されてきた。秋成の場合、歩きながらカメラを回しているかのような方法と、逆に「菊花の約」のように、定点にカメラを据えて過ぎゆく旅人を描写するような方法が見られる。そしてもうひとつ、飛行機で上から広く俯瞰しながら、次第にカメラが特定の地点に下り行き、一軒の家の一人の個人に焦点を絞っていく方法もある。これは『春雨物語』で駆使された。

井原西鶴の場合は、歩きながらのドキュメントがとりわけ優れている。『日本永代蔵』「浪風静かに神通丸」では、大坂、北浜の米市からスタートして、難波橋から西へ中之島をなめるように、一軒一軒の企業を列挙し、そこに響くさまざまな音まで描写する。そのほか、例を挙げればきりがない。

しかしそれらを今日の映像にした場合、どうであろうか。言葉をともなわない映像描写は、どれも似通ったものにしか見えず、個々の特徴を明らかになし得ない。小説と映画は映像性という意味でも、なかなか一致しないのである。

今回は短編集型小説に焦点を絞った。そこには編集の自由がきくという利点があるとともに、本来もっていた短編集ならではの、個々の篇の世界観が失われるという弱点もある。「蛇性の婬」がもっていた、熊野灘の湿った空気と、そこにへばりつくように列挙されていく古代の言葉の醸し出す異様な古代神話的世界は、京マチコの演技力をもってしても、映画ではとても出せないものであろう。『好色一代女』がもっていた女から男への哄笑は、映画ではまったく消滅してしまった。映画は時代の価値観とともに作られ、鑑賞されるものであるからなのだ。普遍的な力をもつ小説の言葉と、アクチュアルな力をもつ映画との違いが、明らかになった。

註

1. 『雨月物語』『好色一代女』の文章については岩波古典文学大系を基礎に、読みやすいかたちに改編あるいは翻訳した。
2. 「蛇性の婬」論は、田中優子『江戸の想像力』（筑摩書房、一九八六年）参照。

VI
二つの『楢山節考』
——木下恵介の「様式の美」、今村昌平の「リアリティの醜」

挟本佳代

《楢山節考》（1958年版 松竹）
《楢山節考》（1983年版 東映ビデオ）

昔話「姥捨て山」

正直、これまでにどれだけの映画を見てきたかはわからないが、印象に残り、胸に刻まれ、絶対に忘れることのできないシーンは意外に少ないものである。筆者にとっては、『楢山節考』の中で、息子が母を背負って歩く「楢山まいり」のシーンがそのひとつだ。それは胸の奥の見えないところに傷をつけた。傷口はかさぶたになり、何度か剥げているはずなのに、傷跡になったいまもなお、時折思い出したように痛んでくる。

深沢七郎の『楢山節考』が描いた「姥捨て山伝説」は、大塚ひかりも述べているように、そもそものルーツは『雑宝蔵経』など仏教説話にあり、そこで「棄老」という老人を棄てる決まりをもつ国の名前も出てくる(97)。たとえば平安時代の『古今和歌集』には読人不詳の「わが心なぐさめかねつ更級や姨捨山に照る月を見て」という歌も詠まれている。『大和物語』や『今昔物語集』にも「姨捨（おばすて）」の話もある。現在の長野県千曲市にある標高一二五二メートルの冠着山の別称も姨捨山である。深沢が「この信州の山々の間にある村」（11）と物語の冒頭で書いているのも、この姨捨山からとったものなのであろう。柳田国男の『遠野物語』一一一話にも、「山口、飯豊、附馬牛の字荒川東禅寺および火渡《ひわたり》、青笹の字中沢ならびに土淵村の字土淵に、ともにダンノハナという地名あり。その近傍にこれを相対して必ず蓮台野《れんだいの》という地あり。昔は六十を超えたる老人はすべてこの蓮台野へ追い遣るの習《ならい》ありき」とある（68）。『決定版日本の昔話事典』によれば、「姥捨て山」には、「難題型」「もっこ型」「嫁姑の対立型」という三パターンがあるという（33-35）。山へ背負っていった母をやはり捨てられず、家へ連れて戻り、隠して生活させている間に、「灰縄を持って来い」「打たん太鼓の鳴る太鼓を持って来い」といった殿様の難題に母が次々に答えていき、やがて老人の知恵と経験を大切にしようと締めくくるのが「難題型」である。「もっこ型」は身体の弱った親を息子が山中へもっこに入れたまま捨てようとしたところ、ついて来ていた自分の幼い息子に「もっこは持って帰ろう、父さんを捨てる時に使うから」と言われ、明日はわが身と気づき、親を連れて帰る話である。「嫁姑の対立型」は、文字通り、嫁が夫をそそのかして母親を山へ捨てさせ、置いた小屋に火を放つ話である。しかし、母親はそれを抜けだし、その際、小鬼から打ち出の小槌を手に入れて安楽に暮らしていく。そして、最後には、昔話でよくあるように、話を聞きつけて、同じように小屋へ入って火を放った嫁は結局、焼け死んでしまうのである。後にみていくように、「まんが日本昔ばなし」の「うばすて山」は「難題型」のパターンで描かれているが、映画《楢山節考》はこの三つのパターンのいずれでもなく、仏教説話の「棄老」の部分に話を集中させている。

しかし、こうした「姥捨て山」は実際の話というより、「老人を捨てる風習そのものがあったわけではなく、六〇歳で隠居することや、飢饉の時には病人、子供、老人が共同体から切捨てられた地域があったことから、話を真実らしく思わせるようになった」のであろう（同書33-35）。長い時間をかけて伝説や昔話として伝えられてきたのは、内容の残酷さというよりも親子関係の在り方であり、自然とともに共同体の中で人間が生き続けて行くための方法だったのではないだろうか。それゆえ、私たちは伝説や昔話をないがしろにするべきではない。「姥捨て山」は伝説とも昔話とも言われることがあるが、柳田は『日本の伝説』の中で明快にその違いを教えてくれている。

伝説と昔話とはどう違うか。それに答えるならば、昔話は動物の如《ごと》く、伝説は植物のようなものであります。昔話は方々を飛びあるくから、どこに行っても同じ姿を見かけることが出来ますが、伝説はある一つの土地に根を生やしていて、そうして常に成長して行くのであります（10）。

また柳田は『日本の昔話』では、昔話の大部分は「何《いず》れも日本国の隅々に於《おい》て、お互いに他の土地にも有るということを知らずに、ほんの少しずつのちがいを以て、各々その先祖から聴き伝え、記憶し伝えて居たものだったということであります」と述べている(11-12)。伝説は植物のように特定の土地に根ざし、そして昔話は動物のように日本中を走り回って、時間をかけながら形を変え、日本人の「記憶」へと昇華されていく。「私は、すべての伝説を鵜呑みにするほど正直者ではないが、すべての伝説を否定するほど『科学的』になりたくはない」(28)と、白洲正子が『かくれ里』で現代人に苦言を呈しているように、伝説の裏には必ず多くの事実が隠されており、魅力ある人間の生きた軌跡と知恵が描かれている。

昔話といえば、一九七五年から放送が開始された「まんが日本昔ばなし」でも「うばすて山」はアニメーション化されていたことを忘れてはならない。これは、三〇分の放送時間ではあったが、一九九四年までゴールデンタイムで放送され、20％ほどの高視聴率を維持していた人気番組だった。「うばすて山」は一九七六年一月一〇日と一九九一年九月一四日に放送されている。一九九一年の放送分は視聴者からの呼び声が高かった昔話のアンコール放送であったが、話はほぼ同じで、アニメーションだけが作り替えられている。声優はもちろん、両放送分とも母親は市原悦子、息子は常田富士男であるが、一九九一年の放送分の母親の方が元気で闊達に描かれている。実は私たちにとって「姥捨て山」は子供の頃から馴染み深い昔話だったのだ。

不純物を含めた人間美の描き方

第一回中央公論新人賞を受賞した深沢七郎の『楢山節考』は、一九五八年と一九八三年に二度にわたって映画化されており、それぞれ木下恵介監督と今村昌平監督がメガホンをとっている。今村昌平は、この作品でカンヌ映画祭グランプリを受賞している。筆者の胸に深い傷を負わせたのは今村作品の方であるが、同じ原作の翻案であり、老いた母を背負って楢山へ行くという大筋は変わらないものの、両作品を比較するならば、異なる方法論でそれぞれの世界観を描いていることがわかる。

『楢山節考』の原作の語り手は登場人物ではなく第三者（小説家）である。これに対し、映画はカメラという機器を通して撮影がされていることを考えれば、監督やカメラマンという第三者が語り手として、登場人物の一人一人を描くことになる。つまり、『楢山節考』の物語の語り手の視点は原作も映画も基本的には同じなのである。しかし、監督によって映し出された映像が大いに異なるということは、たとえ両監督の作品理解は同じであったとしても、方法論と世界観が異なるということに他ならない。改めて考えてみるならば、原作と翻案の関係から浮上するのも、この方法論と世界観のありように尽きることがわかる。

原作、木下作品、今村作品は共に、人間が美と醜を合わせもちながら暮らしていることを描いている。これは一人の人間の中に内在する道徳的な意味合いはもちろんのこと、とりわけ人間が集団で生きていく時にはより強い形で現れるものである。きれい事だけでは生きられないのが人間なのだということが、《楢山節考》の舞台となる極貧の村ではまざまざと見せつけられるからだ。

七〇歳を前にして「お山」へ行くということに加え、飢饉に喘ぐ集落では他にも決まり事がいくつもあった。たとえば、他人の家で食料の盗みを働いた人間は、その一族すべてが殺され、根絶やしにされる。結婚をして子供を作っていいのは家を継ぐ長男だけで、次男以下は結婚をすることはできず、労働力として養われる。これらの決まり事は厳しい自然の中で、人口を抑制しながら集落という共同体が生き延びていくための、いわば人間による「醜」の厳格な方法以外の何ものでもない。

しかし見方を変えるならば、楢山の集落は極貧状態ではあるが、棄老の伝統は、ある一定の年齢になったら次世代のため、ひいては集落全体の存続のために自らの生命を捧げて身を引き、共同体の存続を優先させるという、人間としての究極的な「美」に貫かれてもいる。

そもそも人間は不純物のない、純粋な美だけが存在するところで生き続けることはできないのではないか。人間が自然の中で生きていこうとする限り、美と醜が共存する。醜の部分を完全に取り去ることは難しいのだ。そう考えるならば、楢山の人間が生きる術として手にしている美は、醜という不純物を含めた美であるといえる。不純物があることで、逆に美の中に人間臭さが含まれることになる。語り継がれてきた昔話が、現在の世の中からすると一見残酷に感じられてしまうのも、人間が人間として生きていくための免れ得ぬ部分をきちんと描いているからだ。これは大塚による古典に関連した著作の核心部分でも論じられていることである。

深沢の原作では、美と醜は非常に均衡を保っている。どちらかに偏ってはいない。そのように受け取ることができる理由は、映画で描かれる話の筋に加え、醜の部分が深沢自身の作る歌によって作中に絶妙に織り込まれているからだ。メロディーがついている歌もある。登場人物たちが日常的にサラッと歌を口ずさむ。極貧を吹き飛ばそうとする意味もあるだろうし、祭りの場で歌うことで共同体内部の結束力を深めることもあるのだろう。しかし最終的に歌は、世代を超えて何度も歌われてきた結果、村人にとっては生活の一部となっており、集落にとっては語り継がれるべき「村の記憶」となっているのだ。

深沢は物語の筋には収まりきらない「村の記憶」となった「醜」の部分を歌詞という言葉で綴ってはいるものの、読者としては、それらを文字という言葉というよりは歌という音として「読んで」いる。想像力を逞しくして、歌を「聞こう」とする。集落において、棄老せざるを得ない厳しい過去が長きにわたって続いていたということを考えるならば、深沢の原作はその「村の記憶」が音として流れている歌物語なのであり、歌という言葉の感性で物語が描写されているということができる。

かやの木ぎんやんひきずり女
せがれ孫からねずみっ子抱いた（16）

お姥《んば》棄てるか裏山へ
裏じゃ蟹《かに》でも這って来る（70）

這って来たとて戸で入れぬ
蟹は夜泣くとりじゃない（70）

塩屋のおとりさん運がよい
山へ行く日にゃ雪がふる（16）

なんぼ寒いとって綿入れを
山へ行くにゃ着せられぬ（71）

ふしだらな「ひきずり女」のように、曾孫である「ねずみっ子」を抱くことは集落の中では恥ずべき大変みっともないことなのであった。蟹のように這って戻ってきてはいけないから、お姥は山へ棄てに行かなければならない。楢山へ行く日に雪が降るのが一番よく、その理由は、生きたまま鳥の餌食にならず苦しむことなく、凍死することができるからである。

これらの歌は、木下作品でも今村作品でもみな節を付けて歌われ、実際の音として映画を見る者に聞こえてくる。夏祭りのシーンで村人がみな踊りながら歌ったり、夜なべのシーンでわら仕事をしながら歌われる。もちろん、決して明るい歌ではない。けれど、両作品の中で、実際に音としてこれらの歌が聞こえてきても、あまり「村の記憶」として響いてこないのは不思議である。映画では、原作の中では読者の想像力に任されていた村の風景や村人の暮らしが強烈な形で視覚化されてしまっているために、そこに歌が音として入ってきても、話の流れを補足するような形に留まってしまっているからだろうか。

様式美と人工美の意図

木下作品はラストシーンを除いて、全編がオールセットで撮影されている。冒頭は「東西、東西、このところご覧に入れまするは本朝姥捨の伝説より楢山節考、楢山節考……」と黒衣の口上で始まって幕が開き、そして映画が始まる。いわば、劇中劇の形式が踏まえられた作品である。歌舞伎のように、三味線を伴奏とする長唄と浄瑠璃で話が進み、そのために登場人物にセリフはなくとも、長唄と浄瑠璃が情景と心情を伝えてくれる。歌舞伎を観る際、観客は歌の内容だけに耳をそばだてているのではない。視覚で役者の動きを追い、耳でセリフを聞き、そして長唄と浄瑠璃がシーン全体の情景を補足し、解説するのを聞く。セリフ、長唄、浄瑠璃は同じ聴覚で捉えられるものではあるが、三味線の伴奏と独特の節回しが伴い、登場人物の感情の起伏も音そのもので表現するために、長唄や浄瑠璃の方が、観客としては物語の筋や情景をたとえ目をつむっていても、ありありと想像することができ、とりわけ登場人物の心情を直接、心で感じ、捉えることができる。

こうした歌舞伎の様式美を忠実に再現している木下作品では、映画を観ているというよりは、歌舞伎の録画を観ている感覚に襲われる。セットであるために、山道の木々や勾配、用水路や川の上流といった作りはロケーション撮影に比べれば甘さが残ることは言うまでもないが、最初から歌舞伎を観ているのだと考えるならば、セットで自然風景や集落全体を仕上げるのには物理的な制約がかかるものだと、わたしたちは暗黙のうちに了解しつつ映画を観ていることになる。岩崎昶は木下作品が「表現上の実験」としても取り組まれていたであろうことを指摘し、つぎのように考察する。

カブキ的技法が全篇にわたって試みられている。それらはみな試みとして面白いし効果もあやまっていない。けれども、それが目についている間はじつは形式的な実験の興味にひきずられて、感銘がうすいことは事実である。そして、それらの形式になれ、それをもう意識しなくなった後半にいたって、ようやく見るものは映画の世界に完全にひきこまれる（83）。

また通常、映画は監督と役者の間にカメラというフィルターが差し込まれるが、木下作品の場合はさらにそれが舞台セット（幕）という別のフィルターが一枚挟み込まれたことになる。唯一ラストシーンを除いて、すべて屋内のセット撮影がされていたことと合わせて考えるならば、そのフィルターに、姥捨ての物語は現実に起こっていることではなく、そもそも「作り話」なのであり、その物語は「非現実性」を投影したものなのだという監督の意図を見て取ることができる。それゆえ、全編を通して、木下作品では、スクリーンを観る人間の想像力がより必要とされることとなる。

木下作品では、母親のおりんが楢山へ行く前の晩に、かつて親を楢山へ連れていった村人を集めて行う「お山へ行く作法」を伝えるシーンに長い時間が割かれている。原作ではつぎのように描かれている。

お山まいりはつろうござんすが御苦労さんでござんす

お山へ行く作法は必ず守ってもらいやしょう
一つ、お山へ行ったら物を云わぬこと

お山へ行く作法は必ず守ってもらいやしょう
一つ、家を出るときは誰にも見られないように出ること

お山へ行く作法は必ず守ってもらいやしょう
一つ、山から帰る時は必ずうしろをふり向かぬこと

お山へ行く道は裏山の裾を廻って次の山の柊《ひいらぎ》の木の下を通って裾を廻り、三つ目の山を登って行けば池がある。……楢山さまは道はあっても道がなく楢の木の間を上へ上へと登れば神様が待っている（55-56)。

木下作品ではこの作法を一切端折ることなく、原作通りに伝えている。これはいわば集落の中で伝えられてきた作法が直接伝えられる機会であるだけでなく、お山へ旅立つ人間が皆にどぶろくを振る舞って祝ってもらう別れの儀式でもある。一人が一つ作法を伝えたら、どぶろくを飲む。これを繰り返していく。このシーンは、まさに全編を通して様式美を重んじた木下作品ならではの出来映えであり、余計な装飾もなく、暗い部屋の中で蝋燭の灯りにぼんやりと、おりんと息子の辰平、六人の村人の姿が浮かび上がってくる。この「お山へ行く作法」には節回しは一切ないが、淡々と集落のしきたりが伝えられ、そこに荘厳な雰囲気さえ漂う。

すなわち、木下作品は実に精巧に作られたセットという人工美の中に人間をおくことで、棄老をしなければ集落が生き延びていくことができない「醜」の現実を背景に追いやる。そして、映画を観る人間にはその「醜」の部分よりも、人工美の中で昇華される集落に生きる人間としての「美」が映し出される。その「美」も、「醜」という不純物あってのものなのだが、人工美が重ね合わされていることによって、残酷な現実よりも母と息子の悲しい道行きの透明さが浮上してくる。

長唄、浄瑠璃の形式を踏まえているために、歌もセリフも入ることなく、川の上流のせせらぎや臼を引く音だけが聞こえてくる瞬間はあるものの、木下作品では上映時間の中で無音となることはほとんどない。原作が「歌物語」であったことを踏まえるならば、木下作品はストーリー以外の、原作を貫く作品様式に忠実であったということができる。とりわけ、母親のおりんを楢山に置き去りにし、息子の辰平が楢山から吹っ飛んで山道を下っていくシーンは、迫力のある拍子木と三味線の音色が辰平のどうしようもない無念さを如実に表しており、観ている人間の心も揺さぶられ、圧巻である。

しかし、木下作品のラストシーンは、突然、雪が吹きすさぶ「おばすて」と書かれた駅のホームに、本物の蒸気機関車が汽笛を鳴らしながら入ってくるシーンで終わる。姨捨駅はいまでは無人化してしまったJR東日本、篠ノ井線の駅である。なぜそのようなラストシーンになったのか。これは、直前まで様式美と人工美で透徹した形式が、見方によってはラストで一気に崩れ去ることにもなりかねない問いである。黒衣による幕引きで終えなかったのは、姥捨て伝説は「作り話」や「非現実性」だけに支えられてはいないというメッセージなのか、劇中劇の様式を踏まえてはいるが映画作品なのだというメッセージなのか。筆者は、人工美の見事なまでの透徹さを踏まえ、後者のメッセージを受け取りたい。

リアリティ、背負子、楢山まいり

日本映画監督協会が撮影した「わが映画人生」というインタビュー映像がある。今村昌平に対しては映画監督の武重邦夫と撮影技師の紅谷愃一が一九九九年にインタビューを行っているが、その一部抜粋がインターネットサイトに収録されている。

武重：「《楢山節考》（一九八三年）は、事務所を開いた時から監督はナマでやってみたいと、リアルにと。これはお若い時から、木下監督が作られた時から、そう思われていたんですか？」
今村：「そうだね。木下さんの写真（木下恵介《楢山節考》一九五八年）を見てね、ああ俺、活路が開けたと思ったぐらいですよ。これをやると俺は上手くいけると。それは僕が割とロケーションが好きだったってこともあるけど。この話は嘘でございますという具合に語られてますね、木下さんの作品は。だけど、北方の民族から、南方の民族まで色々と調べてみるとだね、嘘じゃないんだね。老人はみんな叩き殺しちゃうんだね」

今村が「この話は嘘でございます」と、木下作品では語られていたことに不満を持っていたことがわかる。今村は様式美に囚われることなく人間が生きていく上できれい事だけでは済まされないことを、リアリティをもって「醜」の部分を前面に出すことで描いている。浜野優が、木下作品は「幻想の美しさと哀切」を描くあまり、棄老という「残酷性のリアリティ」から遠のいてしまい、「とりわけ、重要な要素である〝自然〟がスッポリと抜け落ちた」と指摘するその部分を、今村作品はリアリズムで徹底的に追求したのだ（156）。

楢山へ行く年齢にふさわしい歯となるために、おりんは、大きな石臼にしっかりした歯を叩きつけ、折って抜く。木下作品では石臼に前歯を叩きつけるまでは同じなのだが、そのあとのおりん役の田中絹代は痛みにもだえながら口を押さえ、這々《ほうほう》の体で小川まで這って、口を何度もゆすぐ。この演技で、念願通り歯を抜くことができたのだなと見ている人間は考える。しかし、今村作品では血まみれの口の中から、おりんが血とともに吐き出した歯を映す。「なーんだ二本だけか」。おりんががっかりするセリフは原作通りである。

集落には、他の家に食料を盗みに入った者とその家族が「楢山さん」に謝らされるという掟がある。制裁を加えられる雨屋と呼ばれる家の家族は一二人。木下作品では、夜中、男たちがその家族を担いでいく影だけが映し出されて終わるが、今村作品では一二人が深く掘った穴の中に入れられ、女と子供が泣き叫ぶ中、上から大勢で土をバサバサかけて生き埋めにし、やがて静かになるところまでが映し出される。

ロケーション撮影された今村作品は、原作から人間が集落を維持していくことの厳しさ、人間が自然と折り合いをつけて生きていくことの過酷さを抽出し、どこまでもリアリティにこだわって生々しく描いた。ロケーション撮影による映画は観客に対して一切、言い訳ができない。逆にいうならば、監督が想定する不純物を含めた人間美の世界にリアリティをもたせて、映画を観る人間を連れて行くのである。そのため、映画を観る人間の想像力を働かせる余地は、木下作品よりは少ないといえる。

ところで、木下作品と今村作品から浮上する世界観の違いは、ある道具を通して考察することもできる。楢山まいりに欠かせない道具は背負子（しょいこ）である。そもそも背負子とは、荷物をくくりつけ、背負って運ぶための木製の簡単な道具である。山で集めた薪などを一度にたくさん運ぶのに便利な道具のことだ。原作では、楢山まいりの出発直前に、「背板」と書かれている。

おりんはにぶりがちの辰平を責めたてるように励まして楢山まいりの途についたのである。（中略）家の者達が寝静まるのを窺って裏の縁側の戸をそっとはずした。そこで辰平のしょっている背板に乗ったのである（60）。

また、棄老をうかがわせる歌にも出てくる。

お父《と》っちゃん出て見ろ枯木ゃ茂る
行かざなるまい、しょこしょって（50）

この「背板」「しょこ」としか触れられていない部分に両監督は映画的想像力を働かせていることがわかる。非常に興味深いのは、両作品を比較すると、終盤の最大の見せ場である楢山まいりのシーンで、母親のおりんが息子の辰平に背負子で背負われる時の身体の向きが違うということだ。この身体の向きひとつで、両作品の原作解釈が異なることが浮上してくる。原作には、母親の背負い方の記述はまったくない。

木下作品の場合は、おりんは横座りで背負われている。両脚が画面に映るようになっている。あたかも自転車の荷台に横座りしているかのように、背負子に座っているのであるが、映画を観ている人間からすると、両脚が見え、しっかり計算された構図であることがわかる。辰平にとっては頭の斜め上から母の息づかいが聞こえ、母に優しく気遣われるような形になっている。

おりんも辰平の顔を近くに感じているはずである。横座りのおりん役の田中絹代は、すべてを任せながらも息子に頼り切っている一方で、息子を心配する母親として儚げである。たとえ楢山へ行く意思は固くとも、その反面、息子に未練があるようにも映る。

ところが、この辰平の背負い方は、母子の悲しい道行きの演出としては申し分ないのだが、長距離かつ険しい山道を歩き続けることはさぞや不安定で難しかったのではないか。背負っている母親の体重が息子の右側にばかり掛かることになるからである。そんな不安を観ている人間は感じることになるが、逆にいうならば、映画を観ている人間の想像力を逞しくさせて情景をイメージさせるには十分の演出であることもわかる。横座りでも母親が息子の背中に背負われている、その人工美があればいいのである。楢山まいりでは、ほとんど一日を費やす楢山までの道のりがいかに長かったのか、どれだけ大変な険しい道だったのか、母親を背負う辰平の足がどれほどの痛みと疲労を感じたのか。こうした楢山まいりの実情をすべて、きれいに横座りで背負われた田中絹代を通して、映画を観る人間は想像するのである。

今村作品の場合は、おりんは背負子に跨がるように乗せられて、辰平と同じ前方向を見つめている。長く険しい山道を長時間、母子で歩くためには当然の体勢である。息子は母の両脚をしっかり支え、背中で母の重みすべてを感じている。楢山までの道なき道を辰平はひたすら歩き続ける。急斜面で滑って、足を挫くこともあった。ツタなどの植物を掴みながら、崖をよじ登らなければ楢山へはたどり着けない。カメラは前後左右どのアングルからも二人を映し出す。自然がむき出しの険しい山を登って行かねばならない時には、おりんは自分もツタや木の枝を手で掴みながら辰平を助ける。枝を払って、息子の視界を良くすることもあった。おりんがツタを掴んだおかげで、辰平が崖底に落ちずに済んだこともあった。母は息子の体力を気遣い消耗させないために、息子と同じようにひたすら前を向く。母親の魂のエネルギーが息子に乗り移り、それで息子は楢山へ進むことができているかのようだ。楢山へ行くことに何の迷いもないおりん役の坂本スミ子はとても逞しく映っているが、同時に、楢山まいりが母子ともに命懸けであることがわかる。母親と楢山にたどり着く前に、二人もろとも谷底に落ちて死んでしまいかねないからだ。自分を楢山へ置いた後、辰平にはちゃんと家に帰って、次に辰平自身が楢山へその息子に背負われてくるまで、生を全うしてもらわなければならない、そうさせなければならない。そんな母親としてのおりんの痛切な叫びが聞こえてくるかのようである。

ちなみに「まんが日本昔ばなし」の場合は、二つのバージョンとも母親は背負子に後ろ向きで座るようにして、息子に山へ連れて行かれる。前を向いて、泣きながら歩いている息子の顔を母は見えない。一見、その母親の姿はとても暢気な様子にも見えると同時に、もといた場所にも未練があるように映るのだが、「バキッ、バキッ」という聞き慣れぬ音に息子が振り返って見ると、母が木々の枝を折り、道に落としているのであった。息子が帰り道で迷子になってはいけないという母の優しさと知恵が枝を折らせていたのだ。そんな母親を見て、踵を返して、息子は急ぎ家へ戻るのだった。

ここで「母親が枝を折る」ということに注目をするならば、背負われる向きが異なり、また話の内容も「難題型」のパターンではないが、今村作品も昔話同様に、母親が息子のために木々の枝を掴み、払うという行為をモチーフのひとつとして取り入れていたということがわかる。今村作品は「難題型」の「うばすて山」にも目を配っていたとみることができる。

無言の力と不純物を含んだ人間美

ところで、小説と映画において決定的に異なる部分は、小説では無音（無言）を詳しく描写することができないのに対し、映画ではそうした「沈黙」状態が逆に、登場人物の心情や状況説明に対して効果を発揮するということである。この小説と映画の差異をよく見て取ることができるのが、楢山まいりのシーンである。しかし木下作品ではこのシーンの時に役者は無言なのだが、長唄や浄瑠璃が流れることで、情景が描写され、母と息子の気持ちが代弁されて、無音になる瞬間はほとんど皆無であった。

リアリティにこだわるとはいえ、そもそも今村作品では、登場人物が長々とセリフを言うシーンはほとんどない。たとえば辰平の再婚相手の嫁についても、セリフによる何の説明もない。嫁は夜、息子と良く交わり、朝になれば支度をし、良く食べ、畑で良く働く。時折クローズアップされる頑丈そうな腰つきは、どんなに厳しい寒村の生活でもちょっとやそっとのことでは倒れない健康体であることを映像で教えてくれる。豪快に食べて働いて笑う玉やん役のアキ竹城が映し出されれば、母親のおりんが息子を託して死ぬことができると納得していることも一目瞭然となる。こうした表現方法は映画の醍醐味でもある。

正月前の明け方、まだフクロウが鳴いているような暗いうちに家を出て、母と息子は楢山へ向かう。この楢山へ向かうシーンに、もちろん、おりんのセリフは一切ない。上映時間一三〇分のうち、最後の三〇分近くが楢山まいりのシーンにあてられている。そのうち、合計で一〇分ほどは、人間の鼓動のような、低く重苦しい足音のような、そんな雰囲気の音楽だけが流れる。しかし、残りの二〇分では音楽は一切流れない。この音楽の流れない時間に聞こえてくるのが、楢山へ向かう道で聞こえてくる音だ。深い山を駆け渡っていくゴーッという低い風の音であり、辰平の湿った草木を踏みしめ、わらじがこすれる足音である。歩き続けていくうちに、辰平の息遣いも激しくなる。勢いをつけて踏ん張らなければならない時には思わず声がもれる。渡ろうとした細い丸太橋が腐っていることがわかり、遠回りして急斜面の山を登らなければならなくなる。途中で滑り落ちて、親指の爪をはがしてしまった時の、辰平の身を切られるようなうなり声、そして無気味な鳥の鳴き声が聞こえてくる。

音楽が流れない時間、辰平のセリフがポツリポツリと入る。「おっかあ、疲れたずらか」。母親を気遣って息子は声をかける。途中、休憩した岩場で、辰平はこうつぶやく。「ご先祖さんはせ、何百年もここを通っちゃぁ、お山へ行ったんだなあ。何百人も、何千人もだな。もっとかな。あと二十五年もすりゃあ、おら行くだな。けさ吉に背負われて。それから二十五年すりゃあ、けさが行くんだ。どうしようもねえだ」。けさ吉とは辰平の長男である。つぶやく辰平に、おりんは無言で頷く。おりんは楢山への道中、口をきいてはならない。この辰平のつぶやきは、原作の中で辰平が「この白骨の中には生前、知っていた人もあるはずだ」(63)と思っていた部分が凝縮されて反映されている。母を「お山」へ連れていく道々で、息子が何とか棄老を納得しようとしている心情が吐露されている部分でもある。

なぜこんな場所に自分を産んでくれた母を置き去りにしなければならないのか。音もセリフもなく、母親も息子も「沈黙」を貫いていた今村作品の二〇分間は、映画を観る人間も同じように「沈黙」をしいられ、辰平と同じ目線で山を登り、おりんを背負っているかのように歩いてきた。彼らはみな、楢山という自然の過酷さをひしひしと感じ、自分の母親を背負っていると感じるはずだ。辰平役の緒形拳が別れ際、おりんにしがみつくところでは、思わず息を漏らさずにはいられない。泣き叫ぶ方がまだ楽なのだろうと思い、涙が流れてくる。けれど、泣き叫んでも何も状況は変わらないことを、辰平も映画を観る人間もわかっている。「沈黙」は、おりんと辰平と映画を観る人間を一体化させる力を持っている。今村作品では、集落を維持するための「醜」が含まれる人間としての「美」が、この深い「沈黙」の介在によってより鮮明になっているのである。

母親を置き去りにし、呆然と背負子を引きずるように山を下りていく辰平の目に雪が舞う。辰平は再び楢山へ走り始める。「おっかあ、雪が降ってきたよ」。

「姥捨て山」の昔話や伝説は、実際の風習であったかどうかは別にせよ、おりんと辰平が貫いた「沈黙」から救い上げるべきは、親子関係の在り方や自然の中で人間が集落という共同体を存続させ続けていく方法や知恵、すなわち「醜」を含んだ人間美である。今村作品で二〇分も「楢山まいり」に時間を割いていたのも、そのように「姥捨て山」の昔話や伝説を解釈した現れだと思われる。ちらちらと降り出した雪の中、辰平が楢山へ走る。おりんが筵の上で手を合わせているところにたどり着くまでには大雪になり、おりんの身体には雪が降り積もり、雪でできた地蔵のようになっていた。雪の白が人間の「醜」の部分をすべて覆い隠し、神々しい「美」が浮かび上がってくる。おりんは、「帰れ」という意味で、胸の前から手をゆっくりと、二度払う。「さようなら」ではなく、「雪が降ってきたよ」と言って母と別れた息子は、その後雪が降る時にはいつでも楢山を見上げて、母親にその続きの話をすることができるはずだ。そう私たちに想像させる。

生と死の意味

木下、今村両作品とも、最後は家へ帰ってきた辰平がいつもの変わりない日常を突きつけられるところで終わる。おりんが楢山へ行っても、子供たちは歌を歌い、人ごとのように「村の記憶」としておりんを留めていくかのようである。けさ吉の嫁は妊娠をしており、おりんが楢山へ行って余裕が出るはずの食料が、今度は生まれてくる赤ん坊に回されていくことになる。「自分たちを生き延びさせてくれるために母親は楢山へ行ったというのに」というやりきれない気持ちの辰平の表情から、様式美と人工美の世界であれ、リアリティの世界であれ、映画を観ている人間も同じような気持ちになり、醜と美を合わせもつ人間が生きていくことの難しさを考えさせられる。

パンフレット冒頭に映画の趣旨を語る今村昌平の言葉がある。

棄老伝説（楢山節考）をもとにしたこの物語は、一見残酷である。だが現代を振り返って見る時、管理社会の一片の歯車と化す人間の姿は、残酷ではないと言い切れるだろうか。福祉社会の恩恵は、人間を真に幸福にし、生を充実させているのだろうか。

今村作品から三〇年以上を経過し、いまでは「管理社会」という言葉は死語のようになり、あまりに当然の現代社会を指し示す言葉となってしまった。「おりんの死と生を追求することによって、私は人生の意味の究極を知りたいと思う」。今村の主張を、現在の私たちこそもう一度考えてみるべきではないだろうか。

参考文献

岩崎昶「日本映画批評　楢山節考」「キネマ旬報」七月下旬号、一九五八年、83頁
大塚ひかり『本当はひどかった昔の日本――古典文学で知るしたたかな日本人』新潮社、二〇一四年
桑原武夫「『遠野物語』から」『遠野物語』、305-16頁
白洲正子『かくれ里』講談社文芸文庫、一九九一年
日本民話の会編『決定版日本の民話事典』講談社α文庫、二〇〇二年
深沢七郎『楢山節考／東北の神武たち――深沢七郎初期短篇集』中央公論新社、二〇一四年
浜野優「テイクワン　楢山節考」「キネマ旬報」六月上旬号、一九八三年、156-57頁
柳田国男『日本の伝説』新潮文庫、二〇一二年
――『日本の昔話』新潮文庫、二〇一三年

日本映画監督協会サイト「わが映画人生」(http://www.dgj.or.jp/my_cineast_life/)
《楢山節考》今村昇平監督作品、劇場公開パンフレット、一九八三年
DVD《楢山節考》今村昌平監督作品、東映株式会社、二〇〇二年
DVD《楢山節考》木下恵介監督作品、松竹株式会社、二〇一二年
DVD「まんが日本昔ばなし7」東宝、二〇一一年

Ⅶ

晏妮

翻弄される身体
——『色・戒』と《ラスト、コーション》

《ラスト、コーション》
(JVCエンタテインメント)

一九四三年、多くの中堅文人とアーティストが抗日宣伝工作のために南下した日本占領下の上海では、一人の若き女性作家が彗星のごとく文壇に頭角を現した。洋務運動リーダーの一人である、かの有名な李鴻章の娘を祖母に持つ張愛玲（アイリーン・チャン）である。十歳の時にすでに学校の刊行物に小説を発表し始めた天才少女は、両親の不仲により、決して幸福とは言えない思春期を過ごし、一九三九年ロンドン大学に合格するも、第二次世界大戦勃発のため、留学を断念、香港大学に入学する。その後、上海に戻り、『沈香屑 第一炉香』でもって鮮烈に文壇デビューを果たした。内向的な性格で外部との接触に極めて慎重だった彼女だが、自分の崇拝者である汪精衛政権の文化高官胡蘭成からの猛烈な求愛に負け、胡と夫婦の契りを結んだものの、その後の胡の女性関係が原因で、最終的に彼と決裂を迎えることになる。

だが、文壇デビューの背景と彼女の経歴は後にその華やかな才能に歴史的「汚点」を残すことになるとは、若いうちに一気に文壇の寵児となった張愛玲にはおそらく予想できなかった。新中国が成立した三年後の一九五二年、彼女は共産党支配下の大陸を離れ、香港に移り住んだ。しばらく香港で文学の分野で執筆活動を行ったが、張愛玲は一九五五年にアメリカに渡ることを決心した。

通算十年間ほど、大陸と香港でそれぞれ大きな足跡を残した張愛玲は、アメリカで「新天地」を切り開こうとした。一九五六年、劇作家ライヤーと結婚した彼女は、十年後、ライヤーの病死で、異国でより孤独な生活を強いられるようになる。張愛玲が凄惨な晩年生活を過ごしていたこの時期、故国においてかつて高く評価されたその文学はまだ禁書扱いのままだった。

しかし、天涯孤独になった彼女は、故郷で改めて太陽となって輝く時代がついにやってくる。文革終了後の八〇年代から、「張愛玲」の名前が文学雑誌に現れ、九〇年代に入ると、静かな張愛玲ブームが巻き起こった。魯迅と並べて論ずる研究者の説が故国でブームを盛り上げ、張愛玲が亡くなる前の数年間、国中に再びその名を馳せることになり、その人生の掉尾を飾ることとなる。本論が取り上げる短編『色・戒』とアン・リー（李安）によって映画化された《ラスト、コーション》（二〇〇七）は、台湾、香港に続き、さらに大陸でカムバックできた中華文化圏全体における張愛玲ブームの代表的な事柄の一つである。

張愛玲の『色・戒』

張愛玲研究家の邵迎建氏によれば、『色・戒』は張愛玲が六十歳の手前に書き終えたもので、彼女の小説の中でも、一番難解な作品だとされる（邵迎建『張愛玲的伝奇文学與流言人生』秀威書店）。早くも一九五二年に『色・戒』の初稿を書いた彼女は、これを発表せずに、その後に約三十年もかけて書き直し続け、一九七八年になってその他の二編とともに、『惘然記』というタイトルを付けて出版した。謎めいた彼女のこの行動は、研究者と読者の同作品に纏わる様々な歴史的想像をいっそう掻き立てる。つまり、自分が上海で華麗なるデビューを果たした時代を舞台にした小説だが、その時代への記憶がまだ新しい時に書き綴ったものの、それをしまっておき、還暦を迎えようとした際に、やっと自分が納得できるものに修正し、公表したということである。それはなぜだったのかという疑問を持つ人が多い。共産党中国が創設される一九五〇年初頭から、文革が終結した一九七八年までの二十数年の間、祖国を離れたものの、政治運動に明け暮れる中国の歴史を、彼女は遠いアメリカから注目し続け、文革の終結を見届けてから、これを刊行する決断を下したと考えられる。仮に本人の証言がなくても、歴史の移行に基づいて推測すれば、これは決して根拠のない憶測ではないと筆者は思う。

だが、文革が終結し、外来文化を拒否するそれまでの国策が大幅に見直されたとはいえ、張愛玲の『色・戒』の発表は、やはり大きな論争を招いてしまったようである。

「改編している間に三十年も過ぎてしまった実感はない。愛は価値があるかどうかを問うべきではない」と張愛玲は言う。この発言に沿ってみれば、『色・戒』もまたその文学主題から大きく離脱したものではなく、『傾国の恋』『赤い薔薇　白い薔薇』などと同じように、男女関係の機微を中心に描いたもので、女性を叙述の主体に据えるという意味では、一貫していると言える。では、世に問うのに、なぜ二十数年もの時間が必要だったのか。もし一九四〇年代の上海、張愛玲の経歴、そしてこの小説のヒロイン王佳芝のモデルとなる実在の人物を知っていれば、この時空間の距離を訝る必要などが全くなくなるだろう。

周知のように、ヒロイン王佳芝のモデルは鄭苹如という女性である。日中のハーフである彼女は、戦時上海で国民党「中統」の命令を引き受けて、汪精衛政権の特務機関の頭目丁黙村に色仕掛けで接近し、丁を暗殺しようとした矢先に気付かれ、逮捕されてまもなく処刑された。一九三九年のことだった。このサスペンス要素満載の実話について、中国には作家鄭振鐸が記事を書いたことがあり、また日本では、松崎啓次が『上海人文記』(高山書院、一九四一)の中で、鄭と思われる女性に会った経緯を披露している。

しかし、鄭苹如が殺害された年に、張愛玲は香港にいた。彼女はどこからこの話を聞いたのかについて、多くの人は夫だった胡蘭成からだと推測している。だが、どのルートを経由して彼女がこれを知ったのかはさほど重要ではない。というのも、張愛玲によって描き出された王佳芝の物語は鄭苹如の実話に似ても似つかぬもので、ヒロインは「革命のために犠牲になった」と事後的に語られていた鄭苹如とは、根本的に違うイメージを持つ人物だからである。

その根本的な違いは何か。特務機関のボスの易を暗殺するために、ヒロインが国民党の指示の下で行動を起こす筋は同じである。しかし、『色・戒』の王佳芝の場合、愛国的な女子学生に過ぎない彼女は一種の冒険感覚で暗殺計画に賛同、そしてまるで芝居で抗日的なヒロインを演じる感覚で、商人の妻になりきるために、リーダーと仲間たちに命じられ、グループの中で一番嫌いな男に処女を差し出してしまったが、暗殺の対象が急遽香港を離れたことで、一度目の暗殺の失敗を喫する。心身喪失状態で上海に戻った彼女は、重慶政府関係者に見つけ出され、任務を引き受けることになる。学生たちの無組織な冒険ゲームはこうして組織に回収されていくが、佳芝も不本意な処女喪失を挽回できることで、危険極まる任務を、体を張って完遂する決意をする。ただ、易とは一度となく親密な接触によって、身体と精神が激しい葛藤に巻き込まれ、分裂してしまいそうになる。それでも使命を忘れないように努める佳芝だが、いよいよ暗殺を実行に移す肝心なところに、大粒のダイヤモンドの指輪を易からプレゼントされ、易が自分を愛しているのではないかと思い、咄嗟の判断で易を逃がしてしまう。この一瞬の迷いの招いた結果は、自分自身だけでなく、暗殺行動に関わった学生全員を破滅させることとなる。

こうして、張愛玲は鄭萍如に付与された革命の女英雄のイメージを徹底的に転覆し、どの時代においても理屈で片付けられない「愛」と「性」の複雑な様相をヒロインの視点から細緻に描写し、身体と政治、性愛とイデオロギー、個人と集団とのある種の避けられない矛盾を暴き出した。歴史の実話に基づくというより、張愛玲がむしろ鄭萍如の死からインスピレーションを得て、しかし、鄭萍如をめぐって、主に男性たちによって作り出された愛国女神の神話を解体し、共産党と国民党のどちらの歴史観にも反する物語に改変したのではないかと思える。「愛は価値があるかどうかを問うべきではない」という彼女の説明を今一度敷衍して考えれば、二十数年の長い年月を経てようやく完成の形になったこの小説は、性の深淵に落とされて自滅を招いたヒロインの悲劇を通して、まさに敵と味方の男性がともに主体となる一九四〇年代の大義名分が、いかに女性の身体を借りてその目的を達成しようとしたのか、そして駆り出された女性の心身をいかに引き裂いていったのかを、その時代の雰囲気を熟知する張愛玲が人間を深く省察した結晶ではないだろうか。もしかして、鄭萍如に馳せられた思いには、張が体験した胡蘭成との愛への総括も込められていたかもしれない。だとすれば、『色・戒』は時空やイデオロギーを超えた、張愛玲の自身へのオマージュと言ってもいいような気がする。

張愛玲の様々な小説とやや異なった体裁を成したこの短編は、冒頭の王佳芝と高官の奥様たちと麻雀を楽しむ場面から、次の暗殺計画を実行する町へと、時間軸に沿って場面転換されているが、佳芝が何者か、どういう経緯で易の妻と付き合い、またなぜ慌ただしく麻雀卓を離れて町に出かけたのかについて、作者は喫茶店に着いた佳芝の心理活動を交えながら明かしていく。第三人称ではあるが、第一人称の視線を強く感じさせる叙述法を使用している。そしてここからは物語が佳芝の学生時代へと一気に遡り、情熱に突き動かされて冒険ゲームを楽しむかのように、佳芝が色仕掛けのヒロインとして選ばれ、また仲間たちに言われるまま、ただ一人娼婦と性体験のある梁とセックスをさせられ、易を誘惑しに行くも、易の突然の上海への移動で、冒険ゲームが唐突に終息を迎える。ゲームが進行中、みんなはそれなりに高揚感と好奇心を持ってはいたが、ゲーム終了後、仲間たちは誰も失うものがないのに対して、佳芝だけがその時代の伝統文化から見れば、女性にとって大切な処女を好きでもない男に差し出してしまった、という重大な心身的欠損感を抱くことになった。また、それだけでなく、「佳芝は梁との関係を疑われないようにしなければならず、彼ら仲間とも次第に疎遠になっていった」と、張愛玲がただ数行の文字でさりげないが、しかし的確に描いた仲間たちとの心の隔たりは、佳芝が払う最大の代価である。人形のように利用されたのに、仲間から「娼婦」に注がれるような視線を浴び、心身ともに侮辱を受けざるをえなくなったことが、ここで痛々しく描かれている。「私は馬鹿よ。何と言っても、馬鹿なのは私よ」と、疎外されてもこの痛みを誰にも言えない佳芝はただ自分を責めるしかないのだ。

さすが張愛玲ならではの洞察である。注意しないと読み飛ばしてしまいそうなこの数行の文字は、女性の身体が女性も含める団体（組織）に組み込まれ、政治に貢がされてから無残に唾棄されるそのありさまを簡潔かつ味わいに富んだ言葉によって描き切った。その初稿を読んでいないため不明だが、キーワードとも言えるこの部分は、彼女が長年思案していたのではなかろうか。仮にそうでなくても、個人を置き去りにする歴史観と従来の男性的語りからは生まれない描写だと筆者は考える。

しかし、悲劇は序章が始まったばかりだ。佳芝の身体は二度も利用される。一度目は馬鹿だと言うなら、二度目は最初の大義名分を取り戻すために、佳芝が馬鹿な自分への仕返しをする行動でもあった。「佳芝は易と一緒にいると、いつも熱いお風呂に入ったような感じになって、すべての憂鬱が洗い流されるように思えた。すべてに目的があったからにほかない」。その目的は失った処女を嫌いな梁ではなく、「革命」に捧げたのだと証明したい佳芝が自らに課したものでもある。所詮梁も、ネズミの顔をした中年男の易も、目的を達成させるための手段にすぎず、易の暗殺の成功が自分の体に関わると思うと、正当化された論理から獲得した高揚感とセックスするたびに睡眠薬を飲まないと眠れないほど感じる緊張は、いっそう佳芝の気持ちを引き締めるようになった。

そして、悲劇が起きた。易の妻と高官たちの奥方が互いに見せびらかすが、佳芝だけが持っていないダイヤの指輪を易からプレゼントされる際に、佳芝は「それなら、易を愛するようになってしまったの？　いいえ、そんなことはない。でも愛していないときっぱり言いきれない」状態になった。理念と体の乖離状態に陥ったヒロインの心理に見事に肉薄した描写である。愛の曖昧さをここで提示したとともに、次に張愛玲は曖昧模糊でつかみどころのない形の「愛」が、意味合いの明瞭な大義名分に勝つ結末を用意してくれた。いや、佳芝の中の複雑な愛に、仲間への報復、あるいはかつて好意を寄せるグループリーダーの鄺を「ほかの男たちと何も変わりはしないと知って恨むようになってしまった」感情も間違いなく混ざっているだろう。それまで芝佳の視点で語る物語は、佳芝が逮捕され処刑に至るストーリーを完全に省略し、茫然と宝石店から出て、人力車に乗る佳芝の姿から時空をいきなり奥方たちの麻雀卓に戻し、ここで一転、易の語りによって全編を終える。「たった一人、心を通い合わせる女性がいれば、死んでも後悔はない。彼女の影が永遠に俺のそばにいてくれて、慰めてくれるだろう。彼女は俺を恨んだに違いない。俺に対する感情が最後にいかに強烈にどのようになっても、それはどうでもいい。ただ感情があったことは間違いないのだ。二人は原始的な猟師と獲物の関係、虎と虎の手先の関係、究極の専有関係にほかならなかったのだ。彼女が生きていれば俺のもので、死ねばその亡霊も俺のものだ」という易の心のセリフを書いた張愛玲は、愛の曖昧さを今度はもう一度男側から述べる一方、「猟師と獲物の関係」を「虎と虎の手先の関係」と並置し、敵対陣営にいながらも、佳芝は「虎」の手先に過ぎないという鋭い比喩を用いて悲劇の中核を突く。意表に出る驚かせる比喩ではあるが、これこそが、張愛玲文学の極意を極めるものではないか。丁黙村と鄭萍如との関係を改めて省察したうえでの書き方であり、身体を革命に捧げて抹殺された鄭萍如、そして「泣く子も黙る」(池上貞子『愛と生と文学』東方書店)と言われている殺人鬼である丁黙村の、人間性における深層での相似性を、張愛玲は提示したと言えないだろうか。

アン・リーの《ラスト、コーション》

前述のように、『色・戒』は回想を自由に取り入れ、佳芝の視点と易の視点を交錯させて、時空の跳躍を生かす叙述法を使用している。映画のシナリオも書いたことのある張愛玲は、映画的な表現を意識的に駆使しているように思われる。

とはいえ、「美人局」とヒロインの性愛を二重に隠喩する「色」と、指輪と戒めを二重に織り込んだ「戒」というタイトルをはじめ、主人公の心理描写が多くの部分を占める一方、省略法が際立つこの小説は、ストーリーのかなりの部分を読者の想像に任せる趣があり、冒頭に述べたように、張愛玲文学の中でも難解な一編と見なされている。『傾国の恋』や『赤い薔薇白い薔薇』が映画化されても、この小説の視覚化に挑戦する映像作家が長い間現れなかったのは、人物のセリフが少なく、もっぱら主人公の心理的動きを捉えていることが、脚本化を困難にしたからだと思われる。

《グリーン・デスティニー》でアカデミー最優秀外国映画作品賞を獲得したアン・リーは、二〇〇〇年以後、様々なジャンルの映画で世界三大映画祭を次々と制覇し、名実ともに中華文化圏を代表する映像作家となった。また大陸で発禁処分だった時期に、香港と台湾で、張愛玲文学のファンが多く、香港はともかく、張愛玲が一九六〇年までその土地を踏んだことのない台湾での受容史から考えれば、台湾出身のアン・リーが『色・戒』の映画化に着眼したのも、映画作家としての自信のほかに、それなりの必然性もあるだろう。

とはいうものの、政治色の薄いその他の作品と比べると、『色・戒』の舞台とその時代背景は言うまでもなく、特に佳芝の相手になる易というキャラクターの造形は極めて難しい。そこに横たわっているのは、大文字の歴史に関する解釈に違いない。

だが、アン・リーは躊躇しなかった。池上貞子によれば、アン・リーは『色・戒』を張愛玲文学の中で「もっとも好きな一編」とし、長編映画化の困難さをぼやきつつ「短編中の極上品」と呼ぶ（池上貞子『張愛玲　愛と生と文学』東方書店）という。ここからも分かるように、以上に述べた難点を除いて、文字数の少ない原作を長編劇映画にしていくアン・リーの苦労が伺える。

ファースト・シーンの軍用犬のアップ、そして守衛たちの動きを捉えたショットはいずれも歴史的背景を浮かび上がらせるためのものだが、そこから原作に書かれた冒頭の屋内の麻雀卓に場面転換。ここからはほぼ原作通りの運び方をしている。佳芝の喫茶店での行動、そして、そこから回想部分に遡る。原作の体裁を保っていながら、映画としてのシークエンスを付け加えなければならないのは、この回想部分である。香港での学生演劇に情熱を燃やす学生たちがいかに暗殺ゲームの企画を立てるようになったのか、また佳芝がどのように説得されて、商人の妻に扮し、易に接近していったのかなどである。省略を利かしている原作においては、ストーリーらしいストーリーを殆ど提供していないからだ。

一般的に言えば、色仕掛けの経緯はスパイ映画において、もっとも観客を惹きつけるもので、アン・リーは、無邪気に学生演劇で若い娘を演じた佳芝がもう一人の女子学生とともにグループのリーダーの鄺に秘かに好意を寄せながらも、鄺が提案した暗殺計画を無抵抗に受け入れてしまうことをかなり抑制的に演出している。しかし、任務完遂のために機械的に梁とのセックスを数回練習した後の佳芝の変化を、アン・リーはよく鏡を通して細緻にその心理変化を表現している。無邪気な少女は影のある女性となった。特に、一回目の失敗後の佳芝の喪失感について、映画は原作に書かれた雰囲気を忠実に再現し、上海に戻った佳芝の日常を淡々と捉えているシーンが印象に残る。

そこで鄺と遭遇。というより、工作員の呉の命令により、鄺は佳芝を見つけたのだ。原作でその存在が極めて薄い鄺をどう描くのか、アン・リーはかなり工夫したのではないか。考えに考えた末、鄺の人物像は張愛玲の設定したキャラクターイメージから離れてしまう結果となった。アイドルで女性観客層に好感度の高いワン・リーホン（王力宏）に鄺を演じさせるのも、アン・リーの意図だろうが、映画の中で、暗殺を提案しても、知り合いを殺しても、なぜかなお清潔感を漂わせる鄺は、張愛玲が一言で言い捨てた「ほかの男と何も変わりはしない」鄺とはほど遠いキャラクターに変身している。「私はバカだった」と言う佳芝に、鄺は「私たちは代償を払った」と答えるし、佳芝が離れる際に彼女に思わずキスもした。このヒューマンなシークエンスが観客の願望を大いに叶わせたかもしれないが、あまりにも通俗的なメロドラマにしてしまった感がある。それはそれでいいかもしれないが、ただ男性であるアン・リーの、『色・戒』に対する、決して小さくない誤読ではないだろうか。それだけでなく、張愛玲があれほど執拗に描いた佳芝の喪失感には、処女喪失に伴う仲間たち（女性も一人いる）からの蔑視があり、またこれは、彼女を易と体の接触によって得られたある種の共鳴と表裏一体の原因となるはずだ。しかし、鄺のみならず、学生たちのこうした佳芝に対する冷たい態度を示すようなショットをアン・リーは一つも組み込んでいない。力作とも言える映画《ラスト、コーション》の最大の欠陥だと筆者は思うのである。

過激なセックスシーンが当作品宣伝のポイントに使われているが、確かに佳芝と易との三回の性交渉は、映画の中でかなり大胆に赤裸々に描かれている。易が一方的に暴力を振るうかのような一回目と違って、二回目と三回目は佳芝が徐々に上位を示す行動をとるようになっていく。もちろん、アン・リーはただ商業的要素としてそれまでの自分の作品になかったようなベッドシーンを撮ったわけではなく、張愛玲が原作で引用した「女の心につながる道は膣を経由する」を具体的に表現したかったのだろうと思われる。ただ、原作でネズミ顔と形容される易にトニー・レオン（梁朝偉）が扮することになれば、また原作でのニュアンスと多少ずれがあり、上述の鄺もそうだが、易もまた魅力たっぷりの男性になり、いわば、湯唯（タン・ウェイ）が扮する佳芝が関わる二人の男性キャラクターは、どちらも監督が施した解釈によって新たに造形された人物像だったと言える。

これはつねに観客奉仕を忘れないアン・リー監督の熟慮によるキャスティングに違いない。しかも異色の原作を分かりやすい通俗的メロドラマに仕上げたことに成功した。これによって、大衆離れした難解な『色・戒』を大衆文化である映画に脚色、歴史のタブーにも挑んで、原作の影響をより広げた様々な意味で、《ラスト、コーション》はアン・リー自身も勇気をもって精魂を込めて作った作品だった。

文学の映画化を論じるにあたって、ただ原作を忠実に脚色したかどうかを問題視するほど、ばかばかしいことはない。けれども、述べてきたように、ヒロインが彼女と同年齢、あるいは同性の仲間たちとの心理的葛藤を、ところどころでたった数行の文字で的確に描いて見せる張愛玲の人間に対する深い洞察が映画《ラスト、コーション》に見当たらないことをやはり残念に思う。『色・戒』において、張愛玲文学を貫く「蒼涼」（ものさびしい）感覚は、体が理念に反して敵となる人物に吸い込まれていくヒロインの悲劇だけでなく、味方との乖離に、より現れているように思える。身体が引き裂かれ、肉身が消滅しても、その魂が仲間側に戻れない佳芝、鄺萍如、さらに自分自身のもの寂しさ（蒼涼）を張愛玲は描きたかったのではないだろうか。

VIII

デヴォン・ケーヒル（金原瑞人、井上里訳）

安部公房『燃えつきた地図』

――都市の危うさを、勅使河原宏はこう表現した

《燃えつきた地図》
（劇場用パンフレット）

戦後の復興を背景に誕生した『燃えつきた地図』

市川崑が一九六四年の東京オリンピックを撮ったドキュメンタリーは、異様に不気味な場面ではじまる。カメラはまず、まぶしく照りつける太陽を映し、次いで、解体用の鉄球が東京のとある建物をめがけて落下していく様を映す。解体の様子を、建設作業員たちが見守っている。太陽、解体、都市における主体がおりなすこの三角関係は、瓦礫と復興という二つの事象に定義された日本の姿を端的に表している。その三角関係を、国の象徴が注意深く見守っている。一九二三年の関東大震災、第二次世界大戦の東京大空襲、そして、六四年のオリンピック開催の度に行われた解体と再建は、二十世紀の東京と日本という場所、そこで生きる主体の姿を、死と再生、適応《アダプテーション》と延命の果てしない循環の中に定義づけた。イアン・ブルマらが指摘し

たとおり、日本は、東アジアにおける数十年におよぶ侵略行為、そして、第二次世界大戦の「無条件降伏」まで数年間続いた西側諸国との緊張関係を経た後、オリンピックによって友好国としての国際的な評価を獲得した。ヨーロッパの独立国と北アメリカの味方であるという意思表示をしたのだ。（ブルマ 3-5）適応《アダプテーション》、工業化、都市開発といった戦後の空気の中で、作家の安部公房と映画監督である勅使河原宏の創造的な関係は生まれた。

本章では、安部の小説『燃えつきた地図』と勅使河原による同作の翻案《アダプテーション》について論じる。それぞれが、変化し続ける環境に必死で順応していく都市という主体の姿をどのように浮き彫りにしていくのか、そしてまた、都市と脆い関係を築くことしかできない主人公を介し、新たな主体の定義について考えてみたい。この観点を踏まえた上で、都市と主体の力学の間に生ずる相互関係、また、原作と翻案の不安定な関係についても論じたい。さらに、現代社会に生きる主体が抱える存在に対する危機感、その危機感が生み出す可能性、翻案それ自体に内在する力、それらが相対的に作用する様子についても考えてみたい。

近代都市における空間と主体の関係

共同体と個人の関心のずれは、安部と勅使河原の哲学の根幹をなしており、また、急速な再建と国家形勢の見直しがなされていた五〇年代、六〇年代の日本の都市において体感されたことと完全に一致している。キルケゴールやニーチェといった実存主義者の哲学は、カフカやサルトルの文芸作品の基礎をなし、映画に実存主義的思考を取り入れたルイス・ブニュエルは、カフカとサルトルの双方に大きな影響を与えた。安部は勅使河原との対談の中で、文学と映画の関係について次のように述べている。

［ルイス・ブニュエルは］文学とか映画とかいう区別抜いてね、芸術全体の動き、流れ、方向として非常に大きな作家だったということを、くりかえし感じるね。やっぱり僕なんかでも、映画に希望をもって、映画というものに自分が本気で乗り出してもいいなと思えたのは、ルイス・ブニュエルがあったからじゃないかね。それが、なかったら、どうかわからないね。（「読書人」）

「シュルレアリスム映画の父」と呼ばれるブニュエルもまた、映画製作においては、本質的な意味での共同作業を取り入れていた。中でもサルヴァドール・ダリとフレデリコ・ガルシア・ロルカから受けた影響は大きい。興味深いことに、ブニュエルの辿った芸術家としての軌跡は、安部のそれと似ている。ブニュエルは、ポストモダン的な実存主義へ移行する前に、シュルレアリスムが明らかに政治問題としてみなされていったことに対する幻滅を抱いていた。ゲイル・アーウィンは、ブニュエル作品の語り手と解説者のヴォイスは観る者を惑わせ、現代の観客を激しく落胆させると論じた。ブニュエルの作品に具体的な意味やポストモダン的な例証をみつけようとしたところで、それは徒労に終わる。アーウィンは次のように記している。「観客は物語の断片を結びつけようとする。ブニュエルの物語は、原因と結果、時間と空間、心理学とイデオロギーの行動様式が、推し量ることのできない空間の中に、そしてフィルムの混沌の中に描きこまれている」(Irwin 29)。方向感覚を失った語り手は、小説と映画双方に描かれている。『燃えつきた地図』を読む者と観る者は、探偵が失踪者の捜索に失敗し、期待された役割を果たすことができないと筋書をつきつけられるものだ。

一九六〇年、勅使河原は安部が脚本を担当したテレビドラマ「煉獄」を観た。このとき勅使河原は、安部の物語とブニュエルがドキュメンタリー映画で採用するシュルレアリスティックな美学を融合させることができるのではないかと考えた。二人がはじめて完成させた共同作品は、一九六二年の《おとし穴》だ。実存主義的なこの作品は、都市の中で分裂してしまった主体を描き、九州の炭鉱労働争議を背景としている。これを含め、二人は四本の長編映画を共同制作した。楽曲提供は作曲家の武満徹だ。他の三本は、《砂の女》(一九六四)、《他人の顔》(一九六六)、そして《燃えつきた地図》(一九六八)だ。勅使河原は共同制作という手法を、本人の言葉を借りるなら、作品に「新たな潜在性と無限の可能性」(Ashton 8)を与えるきっかけになると考えていた。その観点は、安部の「映像は言語の壁を破壊するか」というエッセイにおける意見とも一致する。「映像の価値は、映像自体にあるのではない。既成の言語体系に挑戦し、言語に強い刺戟をあたえて、それを活性化するところにあるのだ」(453)。二人は、激しく変化していく都市に追いつくことのできない主体の苦しみを、文学と映像を融合させることで、より直截に表現できると考えたのだ。

安部と勅使河原の共同作品は、観念的には、近代都市における空間と主体の関係を探っているものだ。『燃えつきた地図』は、原作も映画も、一見したところハードボイルドの探偵小説の形式を取り、終始、名もない探偵の一人称によって語られる。舞台となるのは、埃っぽく、道徳心を欠いた東京だ。アルコール依存症のとある女が、六カ月前に失踪した夫、大燃商事販売拡張課長の根室洋を探すため、この探偵を雇う。語り手はすぐに失踪者の性格分析に取りかかり、手がかりを集めていく。読者は、やがてはそうした手がかりが消えた男の謎を解明するのだろうと考える。ところが、探偵は至る所で捜索を阻まれる。まず彼は、依頼者の弟に会う。次に弟は数カ月前から独力で捜索を進めていたが、決して探偵と情報を共有しようとしない。次に探偵は、根室の雨合羽のポケットに入っていたマッチ箱を手がかりに、「つばき」という怪しげな喫茶店に導かれる。無認可のタクシー業を営んでいる喫茶店だ。それでも、失踪者の足取りは一向につかめない。根室の同僚の田代は、根室が姿を消した日に会う約束をしていた。田代は探偵に、作品のタイトルともなる地図を渡す。根室と田代が待ち合わせることになっていた場所の地図だ。だが、地図が示す場所は存在しなかった。とうとう探偵は、失踪者と彼の義弟がある犯罪組織の構成員であったことを突きとめるが、この新たな事実さえ役に立たない。任務に失敗した探偵は解雇され、探し続けていた失踪者としての役割をみずから担うことになる。そして物語はあいまいな形で終わる。探偵は自身のアイデンティティを維持する力を失い、気がふれたように都市を徘徊するのだ。

《燃えつきた地図》において、勅使河原はドキュメンタリー映画の撮影手法を取り入れ、フィクショナルな世界に深みを与えた。原作の時点ですでに二次元的であった主体は、極度に単純化され、ラッカー塗りのテーブルやハイボールのグラスの上に、あいまいで歪んだ像を結ぶ。この演出により、観る者は映像に引き込まれ、反対に、映画の世界は現実の世界へとつながる。画面の手前には視界を遮る物体が頻繁に設置される。これにより、都市の限られた内部空間と外部空間に内在する閉所恐怖症的感覚が表現され、同時にまた、観客は窃視者として位置づけられる。このようにして、勅使河原の映像は、フィクショナルな世界で起こる事件に観客を巻き込むのだ。観客は、無力な探偵を観察すると同時に、近代都市における圧倒的な社会勢力に直面した時の自身の無力さも突きつけられる。勅使河原は、物語の異様な不条理さと、都市における現実の不条理さの境界をぼかすため、シネマ・ヴェリテの手法を採用した。この撮影手法は、手持ちカメラの揺れや、主体から急にずらされる焦点などといった特徴を備え、リアルタイムで撮られるドキュメンタリー映画の典型だ。

都市という空間の意味

近代都市の隠喩を読み解くには、『燃えつきた地図』とその映画版の両方をみながら、まずは、「都市」という言葉が単なる物理的空間を意味するシニフィエであるという考え方を捨てなくてはならない。「大都市と精神生活」(一九〇三)において、ゲオルク・ジンメルは「都市」の実存主義的問題を分析するにあたり、あえて特定の都市も、そこに住む者たちの観察結果も、議論の根拠には用いなかった。つまりジンメルは、都市をひとつのコンセプトとして捉える大局的な見地から、都市という概念は、近代における資本主義的主体の産物および生産者の両方を表すという自由な論理を組み立てたのだ。(Donald 10) ジンメルは、「大都市」を資本主義の産業が出現した結果生まれた、純粋に営利的な主体であるとみなした。そしてまた、都市は人間の感情的な側面を否定し、固有のアイデンティティを奪う力であるとも考えた。しかしながら、「内側から生活態度を決定しようとする非合理的で本能的で独立した特性や衝動」を排除できなかったことにより、人間的な感情と首都や都市の構造とのあいだに矛盾が生まれた。ジンメルがみるかぎり、この乖離が不安や恐怖の原因であり、それこそが近代という紛れもない病なのだ。ジンメルも認めているように、諸派の哲学者たちは、近代の工業化社会において派生した実存主義的副作用に対処する方法を探求してきた。だがジンメルは、商業と工業の構造が必然的に都市の出現を求めた点にも着目している。要するに、以前は有力であった固定された思考体系――伝統的に小規模な町や村に体現されてきた――が、絶えず変化し続ける環境と個人とが結ぶ、合理的かつ非情な関係に取って代わられたということだ。人間が「内側から生活態度を決定しようとする非合理的で本能的で独立した特性や衝動」(Simmel 11-13) を排除できなかったことが、人間の感情と資本主義構造の相容れない関係を生み出した。その産物がつまり「都市」である。

『燃えつきた地図』では、地図や免許証や有力な手がかりなど、移り変わる都市の中では一見なんらかの恒常性を約束するかにみえるものが、安部と勅使河原のシュルレアリスティックな世界の中では完全に意味を失い、ジンメルが理論化した「都市」と主体の脆い関係性が露わにされる。失踪した夫について、妻は一度目の聴取で次のように話す。「免状に凝っていたのよ。

免状気違いっていうのかしら……運転だって、大型二種まで持っていたし、その他、無線通信士だとか、電気溶接《ようせつ》だとか、危険物取扱いだとか」(173)「それから、映画の映写技師の免許や、中等教員の免状も……」(174)。いくつもの免状が示唆するとおり、失踪者は己をなんらかの制度に結びつけようと、滑稽にも思える試みを続ける。しかし、その試みは無駄に終わる。探偵自身も、その職業に不可欠な鋭い洞察力と人間性の理解力をもってしてさえ、みつけた手がかりの意味を探ることもできなければ、捜す男の思考回路や動向を把握することもできないのだ。ジンメルが見出した大都市の中に生きる人間の特性や衝動を、安部と勅使河原の共同作品は、社会秩序に勝るものとして描いた。二人は作品を通じ、解放という行為の意味を探ったのだ。

ジンメルが観念化した都市や個人のアイデンティティをめぐる闘争は、『燃えつきた地図』のエピグラフにも投影されている。「都会――閉ざされた無限。けっして迷うことのない迷路。すべての区画に、そっくり同じ番地がふられた、君だけの地図。／だから君は、道を見失っても、迷うことは出来ないのだ」(4)。物語の結末までは明確にされないが、安部の思想はジンメルの提言と重なる。既知の領域の境界を越えようとする姿勢も、都市の中で充足した新たな自己を生み出す試みを認めようとする姿勢も、双方に共通するものだ。映画版のオープニング・クレジットと導入部では、ヴィヴァルディの協奏曲とエルヴィス・プレスリーを断片的に組み合わせた耳障りな編曲と共に、彩色された詳しい地形図が映し出される。やがてその映像は、ぼやけた都市の風景へと変わっていく。観客は、その都市はおそらく東京だと推測できるが、カメラは故意にランドマークを避ける。特定の場所が呼び覚ます先入観を排除し、「ありふれた都市」を効果的に演出し、それにより、そこで働く「ありふれた」主人公を生み出すことができるのだ。映像はやがて鮮明になり、都市の往来をロングショットで映し出す。都市の往来とは、人間性を排除した機械的な流れだ。小説の導入部となる探偵の遠回しな聴取の内容は、映画版では、調査依頼書を読みあげる依頼人の声のみで伝えられる。

原作の冒頭では、ローラースケートを履いた少年を探偵が危うく車で轢きそうになった一件により、主人公と都市の関係がいかに脆弱なものであるかが早々と明らかにされる。無名の探偵は少年を叱責しようかと考えるが、すぐにこう思い直す。「こういう際の、集団偽証くらい恐《こわ》いものはない」(7)。都市の謀略によって破滅させられるという可能性は、この物語における彼の職業と役割のどちらとも対極にあるものだ。小説のはじめの数ページを読めば、探偵が人目を避けて行動していることはすぐにわかる。彼は密かに捜索を進める無視された存在なのだ。映画では、冒頭のシークェンスと演出により、探偵がマージナルな存在であることや、都市が息苦しい雰囲気に包まれていることが明確にされる。たとえば、テーブルの下から撮られたシーンは、喫茶店のガーゼ生地のカーテンに遮られて不鮮明になり、仕事に着手した探偵が喫茶店で鼻をほじっている私的な瞬間を切り取っている。揺れる手持ちカメラや手動ズームといった撮影手法は、抽象的かつ冷静な意図を持つこの映画に、終始シュルレアリスティックな特徴を与え、同時にまた、観客に、窃視者としての役割、探偵を監視する探偵の役割を担わせている。冒頭の時点ですでに、画面を意図的に過密状態にするという演出方法が確立されている。こうした室内と屋外両方のシーンに特徴的な構図は、はじめから終わりまで変わらない。覗き見的な視点を介することで、観客を作品世界に巻き込むことができるのだ。

遊歩者としての探偵

小説でも映画でも、冒頭の筋書は古典的な探偵小説そのものだ。一見なんの共通点もないようにみえる一連の手がかり――写真、着古した雨合羽、なかでも探偵を悩ませる色の違うマッチ――により、主人公は、この事件には聴取で知った以上の何かがあると気づく。探偵小説の形式を利用し、『燃えつきた地図』はお約束の展開をみせていく。問題および事件への導入、手がかりの登場、読者の興味を引きつけるいくつかの障壁。やがて、ばらばらだった手がかりがひとつになり、問題解決へと向かっていく。だが、物語が始まって間もなく、その探偵の優れた洞察力こそが、事件解決をはばむ要因であることがわかる。探偵は手がかりや暴かれた真実が描く渦に飲みこまれ、地図に載っていない底知れぬ闇の中へと落ちていく。その闇とは、混沌とした都市であり、その都市が象徴しているあらゆるものだ。主人公は次のように述べる。「ぼくは、あやうく、例のマッチ箱のことを、口に出しかけていた。手に触れ、眼でたしかめることの出来る、唯一《ゆいいつ》の証拠品。無数の仮説を、一つの焦点にしぼり、実体化することが出来る、唯一のレンズ」(83)。こうして読者と主人公の期待は裏切られ、物語はただひとつの真実めがけて突き進むことはせず、代わりに、あらゆる可能性を浴びせかけてくる。どの可能性も、次に現れる可能性と同じくらいもっともらしくみえるのだ。

探偵の抱えるこの不安は、ジンメルの観念的な「都市」を強く想起させる。その都市においては、あり余る刺激によって、「共有される真実」が与える平和な連続性は失われる。結果的に、都市における主体は、統合的な理解系統の中には留められない（Simmel『大都市』11）。探偵は都市の主体の典型であるとみなすことができる。近代都市の必須条件ともいえる「意味の喪失」に直面しているからだ。ジンメルはまた、「歓楽に飽きた」現代人を生み出す「都市」が過度に刺激を与えたために、物質は「価値を喪失」し、「歓楽に飽きた人間にとって、物質は等しく平板で灰色を基調としたものにみえ、どの対象もそれ以外の物質に対してより好ましいということはなくな」ると考えた（14）。

映画版では、都市と主体の黙示的な関係が、次元を圧縮する演出によって強調されている。小説の中核をなす到達しえない真実という主題が、地図や車の分解組立図などの映像によっていっそう際立っている。三次元の空間や客体が元来備えている、相手を惑わす性質が明確になるのだ。名ばかりの地図でさえ、現実と抽象の橋渡し役としての機能は果たさず、探偵が事件を解決する助けにはならない。おそらく、映画版の最大の功績は、主体の平板さを可視化させたことだろう。

原作は、失踪者を探すという任務に対する探偵を媒介として、ジンメルが「歓楽に飽きた者」と表現した現代人の変異体をはっきりと表現している。フレドリック・ジェイムソンは、「ポストモダニズム、あるいは後期資本主義の文化的ロジック」で、ジンメルが提示した平坦化の過程はポストモダンにおいて完成され、コモディティ化それ自体が新たな思考形態の基礎となったと主張した。ポストモダンにおいて、実存主義者の不安は、個人とアイデンティティの乖離によって起こり、やがて完全に内面化したのだ。すなわち見つかった失踪者に対する探偵の辛辣な評価は、個人のレベルにおいてのみ存在しうる「真実」という概念に対する、彼の無関心と不満の態度を露呈している。

物語が進むにつれて、我々は、探偵がつい最近、職と妻を捨てて現在の仕事に就いたことを知る。その情報は、彼が置かれた苦境を説明するのみならず、物語における彼の役割を理解する上でも重要なものである。彼は安定した自己という概念とは無縁の存在なのだ。本人は次のように述べる。「相手が何を求めているのか、分り次第、すぐにも要求どおりの役を演じこなせるように」(10)。ハードボイルド的な側面を持ちながら、このアウトサイダーは要求に応じて姿を変え、その場の状況に合わせることができる。主人公の柔軟性を非情さの表れと解釈することも可能だが、この無名の探偵は、ほかには一切明確な方針を持たない。ただ報告書を提出し、与えられた義務に従うのみだ。淡々と役目をこなし、金銭にはなんら執着をみせない。

「アンチ探偵小説」としての『燃えつきた地図』

たとえばここで『燃えつきた地図』を「アンチ探偵小説」と捉えるとき、事件を解決できない探偵の無力さは、小説と映画の双方を理解する上で大きな意味を帯びてくる。ステファノ・タニが述べたように、フィクションは「ポストモダニズムの理想的な伝達手段」である。なぜなら、秩序の優位性を批判することが可能になるからだ。秩序を取り戻す探偵の能力に疑問を投げかけることで、アンチ探偵小説は、人間の知覚には限界があるというポストモダニストの認識にメスを入れ、解決しないことだけが唯一の解決策であるという理想を肯定した（Tani 41）。タニが述べたとおり、この「脱構築的」な解釈において、「対立するのはもはや探偵と殺人者ではなく、探偵の心とアイデンティティ認識である。彼のアイデンティティは、探偵と自身の中に存在する〝殺人者〟にはさまれ破綻する」（76）。同様に『燃えつきた地図』の探偵は、失踪した男の存在に怯えながら自身と対立し、次のように考える。「ぼくは『彼』を求めて、手探りする……いや駄目だ……ぼくが探っている、この暗闇は、けっきょくぼく自身の内臓にすぎないのだ……ぼくの脳味噌《のうみそ》に映し出された、ぼく自身の地図……（中略）『彼』の地図を辿っているつもりで、自分自身の地図を辿り、『彼』の跡を追っているつもりで、自分の跡を追っていたのだ、と（327-28）。探偵と都市のつながりは急速にほころび、気づけば彼は、現実に対する自分なりの解釈が限界に近づいていることを知るのだ。

探偵は、依頼人との最後の面会で、失踪した男の役割を担いさえする。社会と「ふたたび結びつく」最後の機会に、依頼人は次のように薦める。「主人のシャツが、うまく合ってくれるといいんだけど……着てごらんになる?」（353）。二人は肉体関係を持つが、探偵は彼女が与えてくれる居心地のよさを受け入れようとはしない。アパートを去る彼は、世界と結びつく術をはっきりと失っている。探偵は次のように描写する。「焦点が合うどころか、カーブの向うの台地の町は、上等の消ゴムでこすりつづけているように、ますます空白感を増すばかりだ。色が消え、輪郭が消え、形が消え、ついには存在そのものまでが消えてしまいそうだ」（364）。都市の基盤は残らず溶けて消える。彼は、秩序だった価値体系の境目を越えるが、身体的には都市の中に留まっている。探偵はさまよいながら次のようにいう。「探し出されたところで、なんの解決にもなりはしないのだ。今ぼくに必要なのは、自分で選んだ世界。自分の意志で選んだ、自分の世界でなければならないのだ。（中略）過去への通路を探すのは、もうよそう」（392-93）。映画では、主人公の合成的なアイデンティティ、そして都市との決別は、依頼人と寝ている最中に、探偵の脳裏に失踪した男の顔がしつこく浮かび上がるという形で表現される。幻覚的な夢のように、映像は鮮やかな色調と暗い色調の間で揺れ動き、そこに、オープニング・クレジットから続く耳障りで不気味な音楽が流れる。夢のようなシークェンスのあいまに短いカットが挿入され、探偵が街路をあてどなくさまよう姿が映し出される。依頼人は都市のメタファーとなり、その大きな幻影が高層ビルの側面におぼろげに現れる。別のカットで、探偵はふいにひとりになり、荒れた土地をさまよっている。都市ははるか後方だ。要するに探偵は、失踪した男と自分が同一人物であると気づくことで事件を解決したのだ。忘れるという行為により、主人公と失踪者は、現代社会のイデオロギー装置から自らを解放した。だが、その代償はなんだろうか。

　二人の人物の融合は、最後のシーンにもっとも顕著に表れている。それは、喫茶店の女店員が自分を探していることに気づき、探偵が身を隠す場面だ。だが、自由意志で選んだ世界に焦がれる主人公は、自暴自棄にでもなく利己的にでもなく、ただ次のように述べる。

　　彼女は探し求める。ぼくは身をひそめつづける。やがて、彼女は、あきらめたように、のろのろと歩きはじめ、たちまち車の陰にさえぎられて、もう見えない。ぼくも、闇の隙間から出て、彼女とは反対の方角に歩き出す。理解出来ない地図をたよりに、歩きだす。もしかすると、彼女のところに辿り着くために……彼女とは反対の方角に、歩きだす。
過去への通路を探すのは、もうよそう。手書きのメモをたよりに、電話をかけたりするのは、もう沢山だ。(392-93)

忘れるという行為によって、主人公と失踪者は自分たちを解放したのだ。こうして、都市が要求する社会的期待からの脱出はほぼ成功したといえる。だが、彼らが新たな主体性の獲得を期待していないわけではない。その主体性とは、現代社会のイデオロギーから出てきた不安という病理によって生み出されたものではない。しかし、過去の主体性に付随していたその病理こそは、探偵と喫茶店の女が自由に心を通わせるための手段であったのだ。

喫茶店の女から無事隠れおおせた探偵は次のように語る。「見ると轢《ひ》きつぶされて紙のように薄くなった猫の死骸《しがい》を、大型トラックまでがよけて通ろうとしているのだった。無意識のうちに、ぼくはその薄っぺらな猫のために、名前をつけてやろうとし、すると、久しぶりに、贅沢《ぜいたく》な微笑が頬を融《と》かし、顔をほころばせる」(393)。ここにおいて、探偵の考える解放の条件が明らかにされる。女によって意味を付与されることを回避した彼は、轢かれた猫に意味を与えることもまた不可能であると気づくのだ。まさにこの瞬間、主人公は「贅沢な微笑」によって、その存在を抹消される。だが突き詰めれば、記号が表象する主体性の喪失を解放とみなす彼の考え方は皮肉である。なぜなら、解放のために犠牲になるのは彼自身の正気だからだ。かりに一時的だとしても、主人公は正気を失うのだ。

近代都市は、その匿名性、行為主体性、流動性といった性質により、個々人を自由にする可能性を有している。安部と勅使河原の共同作品は、単に疎外感や置かれた状況から抜け出せない主人公を描いた悲惨な話ではなく、万人に当てはまる話である。束の間でも、自分が別の主体となる可能性があることに気づいた者の話なのだ。

翻案と翻訳の関連性

ここで重要なのは、書かれた文字と映像の関係を、翻案という別のレベルで考えることだ。筋書にせよ完成した作品にせよ、翻案された作品は、変換という概念に支えられる一方、原作は複製に勝るという暗黙の序列に侵されてもいる。翻案がどれだけ優れていようと、複製としての芸術は、ベンヤミンがいうところの原作の「アウラ」が欠けているとみなされる。原作はあらゆる複製を生む源泉である。だがいってみれば、芸術的な試みはすべて複製なのである。つまり、調整と改良がなされ、それによる反応が、一見新しい作品の姿となって現れているにすぎないのだ。安部と勅使河原の試みは、時空を超えた翻案というよりも、むしろ共同作品としてとらえるべきである。だが、筆者は、二人の共同作品は原作と共存し、常に互いに作用し合っていると考える。スタンリー・トラクテンバーグが述べているように、「モダニズムでは、芸術作品とは排他的な存在であり、不変の主要な意味があり、詳しい説明や解読が推奨されていた。だが、ポストモダニズムにおける芸術作品は拡散される。よって、自然に共同作品が生まれるのだ」(Trachtenberg xii)。

話の流れ方もまた小説と映画を分かつもうひとつの要素だ。それは、忠実性という概念に疑問を投げかける要素でもある。映画版を観れば、小説の筋を厳密に辿っていることはすぐにわかる。だが、映画という媒体の持つ長所と短所に合わせて必要な調整も行われている。たとえば映画の出だしは小説とは異なり、出来事の本来の時系列を守ってはいない。さらに大きな相違は、主人公の語り口に表れている。小説では、語りの大部分は主人公の内的独白であり、彼は自身の実存主義的葛藤や思考の流れを頭の中で吟味する。だが映画では、探偵の心理的方向感覚の喪失は、カメラのアングルや撮影手法によって可視化され、台詞は別の登場人物との会話のみに限定されている。

語り以外の部分にも必然的な相違が生まれている。たとえば、街に入っていく探偵がカーブを曲がった先で危うく轢きそうになる相手は、ローラースケートの少年ではなく、自転車に乗った大人に変更されている。また、依頼人に会いにいく前に、原作にはない二つの出来事が挿入されている。まず、依頼人のアパートに向かおうと階段をおりる探偵は、ベビーカーだけが目の前を転がっていくのに気づく。捕まえようとするが、探偵が追いつく前にベビーカーは自然に止まる。もうひとつの出来事は、アパートに向かって歩き続ける探偵を、幼い少年がおもちゃのマシンガンで撃つ真似をしてからかうというものだ。どちらも原作にはないエピソードだが、映画ではこれらの場面は欠かせない。アウトサイダーたる探偵の立ち位置を視覚的に裏付けるためだ。探偵はみるからに居心地が悪そうで、都市の状況に適応できていないようにみえる。よって、どれだけ映画が小説に忠実であろうと試みたところで、両者のあいだには必ず「自動的な差異」が生まれるのだ。こうして、二種類の作品を、別物ではあるが完全に分かつことのできないものとして評価することが可能になる。この点で、安部と勅使河原の作品は、翻案は原作には勝てないという概念に挑んだ秀逸な例である。

翻案という精製のプロセスを経て、原作は神話化され、映画版の制作の中でその原型は永遠に失われる。多くの研究者が翻訳論と翻案論には共通する諸問題があると主張し、双方に潜在するヒエラルキーを解体するための生産的な手法を提示してきた。ベンヤミンは、翻訳という行為は神々との交流手段だという理論を展開した。翻訳によって新たな理解が生まれるという考え方は、《燃えつきた地図》を共同作業の成果として捉える時に非常に重要になってくる。文章と映像の融合は、言語の周縁に存在する未知の領域を示しているということになる。その領域は、我々に新たな視点と可能性を与えてくれるのだ。

都市における近代的な主体のゆくえ

原作者がテクストの意味を裁定するただひとりの存在であるという観念にポスト構造主義者たちが挑んだように、我々もまた、翻案と翻訳という言葉に潜む限定的な序列に挑むべきである。翻訳の地位を取り戻したベンヤミン、そして、翻訳と翻案の関係に確固たる一歩を踏み出した先達を手本とし、翻案をまた別の原作とみなし、原作と翻案および翻訳を総体的に批評しなくてはならない。つまり、この作品においては、小説と映画の平板で間テクスト的な関係が、都市の主体の哀愁と可能性、そして都市の「有限の無限性」を反映しているということになる。

安部と勅使河原の最後の共同作品である《燃えつきた地図》は、小説と映画それぞれ個別のメディアの限界を超えたのだ。よって、この極めて創造的なプロセスは、主体の秘めた可能性を描き出すことを可能にしたのだ。肯定的であれ否定的であれ、《燃えつきた地図》の近代的な主体と彼を取り巻く環境を描いた複雑な表現は、ポストモダンという状況に付与される固定観念さえも揺るがせた。主体と客体、自己と他者という単純概念が、探偵が失踪者としての自己との対面を余儀なくされたときに覆されるのだ。安部と勅使河原の作品に表現される世界の不安定な本質によって、彼らの物語は、都市の緊張状態に置かれたポストモダンの主体を、絶望的とも希望的ともいえる姿で描き出すことに成功した。彼らの作品を、移り変わりの激しい環境に置き去りにされる近代の個人が抱える不安を記録したものと解釈することは容易い。だが筆者は、彼らの共同作品はさらなる翻案を求めているのだと確信している。その翻案こそは、コミュニティへの憧れから主体を解放し、自身が生産した客体と主体との再統一を可能にし、「有限の無限性」を内包する都市において、新たな主体の領域を示すものである。

参考文献

安部公房「映像は言語の壁を破壊するか」『安部公房全集 011 1959.051960.05』新潮社、一九九八年、451-54（Abe Kōbō. "Does the Visual Image Destroy the Walls of Language?" *The Frontier Within: Essays by Abe Kōbō*. Ed. Richard Calichman. Trans. Richard Cali-

chman.
New York: Columbia UP, 2013. Print.）
――『燃えつきた地図』、新潮文庫、一九八〇年（*The Ruined Map.* Trans. E. Dale Saunders. New York: Alfred A. Knopf, 1993. Print.）
――「文学の世界・映像の世界」『週刊読書人』昭和四十年十月十八日号
Ashton, Dore. *Delicate Thread: Teshigahara's Life in Art.* Tokyo: Kodansha, 1997. Print.
Buruma, Ian. *Inventing Japan, 1853-1964.* New York: Modern Library, 2003. Print.（イアン・ブルマ『近代日本の誕生』小林朋則訳、ランダムハウス講談社、2006年）
Donald, James. *Imagining the Modern City.* New York: U of Minnesota P, 1999. Print.
Irwin, Gayle. "Luis Buñuel's Postmodern Explicador: Film, Story and Narrative Space." *Canadian Journal of Film Studies* 4.1（1995）：27-47. Print.
Jameson, Frederic. "Postmodernism, or the Cultural Logic of Late Capitalism." *New Left Review* 144（July-August 1984）：53-92. Print.
Simmel, Georg. "The Metropolis and Mental Life." Eds. Gary Bridge and Sophie Watson. *The Blackwell City Reader.* Malden, MA: Blackwell, 2002. Print.
Tani, Stefano. *The Doomed Detective: The Contribution of the Detective Novel to Postmodern American and Italian Fiction.* Carbondale, IL: Southern Illinois UP, 1984. Print.
Trachtenberg, Stanley, ed., *The Postmodern Moment: A Handbook of Contemporary Innovation in the Arts.* Westport, Conn. and London: Greenwood P, 1985. Print.

ＤＶＤ《勅使河原宏の世界》、角川映画

Ⅸ

「生き方」を問いかけるドキュメンタリー映画もまた文学

池内了

《三里塚に生きる》（マクザム）
《阿賀に生きる》（シグロ）

私の「幼稚な」映画鑑賞法

映画を最初に見た記憶がこびりついているためか、私には映画を観るということに対して何か特別な思い入れを持ってしまう傾向がある。大げさに言えば、映画を観ることによって私の気持ちにプラスとなる要素（それは勇気であったり、発見であったり、反省であったり、記憶の回復であったり、未来への希望であったり、とさまざまなのだが）がなければならないのだ。そうではなく、特に映画作家が自分の楽しみだけで作った作品であった場合、時間を損した気分になってしまう。だから、裃をつけてというほど大げさではないが、神妙な気持ちでこれからスクリーンに向かうのだという心の準備をして映画館に赴く、という儀式が必要である。あるいは、過去に作られた膨大な作品群からビデオテープやＤＶＤを探し出し、時には知り合いから借りて秘かに鑑賞してアレコレ自分だけの想像の世界に遊ぶ。映画から得られたさまざまな思いを反芻して自分の生き方へのヒントにするのだ。それがあればこそ、見終わった後の気持ちに充実感が得られようというものである。

そんな、ある意味で「幼稚な」映画鑑賞法のためか、私は庶民が権力と対決して戦った事実を追いかけたドキュメンタリー映画が好きである（事実を下にして物語として組み換え、より効果的に事実を浮き上がらせるセミドキュメンタリー映画も、ここではドキュメンタリーと一括する）。つまり、立場の弱い人（たち）が勝敗を度外視して権力に抗った経過をそのまま追っかけたノンフィクションもので、当然ながらカメラを通して一部始終を凝視し続けて作品に仕上げた監督の思想と力量を問うことになる。どのような視点で場面を描いているか、そこに妥協はないか、それを曖昧さなく表現しているか、どこに希望を見いだしているか、それらの問いに納得できるだけの回答が作品の出来栄えとして反映しているかをスクリーン上に発見したいのだ。こう言えば堅苦しい正義漢だけの目で見ているかのように思われそうだが、そうでもない。私は、愚直さに溢れユーモアに富んでいればそれで感動して合格とするという単純な人間でもあって、権力と露骨にぶつかり合う様を見ていてハラハラさせられる戦いのみならず、「したたかで、しなやかな」戦術で粘り強い戦いを描いた作品にも拍手を送りたいと思っている。

このように書けば、私がどのような題材のドキュメンタリー映画を推奨するかおわかりだろう。むろん一例でしかないが、日本で言えば、公害（例えば水俣病やイタイイタイ病）や鉱害（例えば足尾銅山や三池事故）や薬害（例えば森永ヒ素中毒やカネミ油症事件）、国家から押しつけられた地域の課題（例えば三里塚や沖縄）、原爆（例えばヒロシマ・ナガサキの惨状と後遺症）、原発関連（例えば福島原発事故や上関の反対運動）などであろうか。それらを虫の目で見た日常の詳細とともに、時間的に問題がどのように推移してきたかが鳥の目でも写し出され、そこから権力の醜さ・狡猾さ・いやらしさ・企みなどが鮮明に暴き出される、そんな作品である。単に現象を記録するだけでなく、背後で目には見えない力がどのように働いているかが読み取れ、それを明確に告発している映画、そしてそこに生きた人間の思い入れや生き様を追体験できる、そんな映画には特に感動を覚える。つまり、ドキュメンタリー映画の本質は、そこで起こった事柄の記録性とそこに生きた人間のメッセージ性の二つの要素が混然として提示されていることにあると思っている。以下本章では、《三里塚に生きる》と一九九二年の作品《阿賀に生きる》の二つの「生きる」を取り上げてみたい。その前に、私の幼稚な映画鑑賞法が何に由来するかをまず述べておかねばならない。

映画を観るということ

私の映画体験は、夕食を早く済ませて姉たちと座布団を抱えて神社の野外の境内に行き、筵の上に座布団を敷いてどっかと座り、目の前に張られた白い大きなスクリーンに向かうことが最初であった。六歳（一九五〇年）の頃だろうか。年に一回の村の秋の行事の一つとして映画会が開催されたのだ。どんな映画が上映されたのか全く覚えていないのに、風でスクリーンが大きく揺れたり、風音でスピーカーの声が途切れ途切れになったりしたことは鮮明に覚えている。人間って、ごく末梢的な事は記憶しているものらしい。それとともに、その当日の晴れがましく、何やら誇らしい気分は今でも蘇ってくる。未知の世界に足を踏み込んでいくことへの躍動的な気持ちが漲っていて、それが脳に深く刻まれているためだろう。そして映画を観終わった後、感動に満ちた気持ちを押さえながら座布団を抱えて家路へ急ぎ、その充実感で誰とも話していないのに沢山おしゃべりしたような満足感に浸っていた。それは今でも変わらない。冒頭に書いたように最初の映画の記憶が今なお私の映画見物の心象を支配しているのである。

世の中がまだ貧しい時代であったから村で映画を観る機会は一年に一回であったが、小学校へ行くようになって学校から《海底二万哩》を鑑賞する映画遠足があったり、姫路城内にあった公共図書館で上映されていたアメリカ製の科学映画を観たりしていたので、それなりに映画にゆっくりと近づいていたことがわかる。また、小学生の頃には若乃花とか川上哲治の物語が映画になっていて、正月のお年玉があったので場末の映画館に兄に連れられていって大層感激したという思い出もある（大人しか入れないと思っていた映画館に、堂々とお金を払って入ることでちょっとだけ大人になったような気分を持ったものである）。子どもの頃にはスポーツの英雄（ヒーロー）と自分を重ね合わせて、相撲を取ったりバットを振り回したりするのは昔も今も変わらないだろう。もっとも、今ではテレビでオリンピックやワールドカップなどスポーツのあらゆる番組が流されるので、すぐに自分がなりたい名選手が目移りしてしまうのではないかとは思うけれど。私の幼い頃はラジオ放送を耳で聞いて想像するしかなかったヒーローの世界を、映画が具体的に目の前に見せてくれることによって距離感をぐっと縮めてくれたのだ。スクリーンの上に英雄がすぐ傍にいるのである。

そのように映画を観ることによって自分の内的世界が満たされ、さらに想像が大きく外に広がっていくためには重要な条件がある。暗闇の中で画面が展開する世界に一人で没入していくという条件である。映画の中に別の空間が広がり、別の時間が流れ、それらが混じり合って見ている自分とは独立した時空を経験するのだから、それは一人でなくてはならない。むろん、夫婦で、親子で、友人と、仲間たちと、というふうに映画を観はじめるまでは誰といても構わないけれど、いったん映像が映し出されるや、そこは自分だけの四次元の新たな舞台が展開し、登場人物たちが独自の物語を語り始める。やがて観る私は姿を消し、そこに同化した目と耳が点在するのみとなるのである。

いい映画の場合、知らぬ間に私の姿が完全に消えて目と耳だけとなっていることにすら気がつかない。映画の中の人間と共に怒り、共に喜び、共に悲しむ、同じ空気を呼吸する、そのような感情の波に意図しないまま自然のうちに同期しているということである。そして、見終わった瞬間に時計の針はぐるぐる回り、大きく舞台は暗転してこの現実世界に戻って来るのだが、そのときに白々しい気分にならないこともいい映画の要件である。素早く飛び去り消えていく時空を回想することを懐かしく惜しみながら、映画に構築されていた世界と別れを告げるときの爽やかさとでも言うべきだろうか。私たちが生きている現実の場に復帰していくのだから、映画が励ましとならなければならない。

私にとって映画を観るということは、以上のような心の推移への耽溺と言うこともできる。

そして、特にドキュメンタリー映画に肩入れするのは、映画が終わった時によりいっそう印象が心に焼き付けられて「勇気をもらう」からである。

「勇気をもらう」

私の好きなドキュメンタリー映画は、権力と戦った人々、権力に屈しなかった人々、権力から見捨てられた人々、権力の誘いを拒否した人々、人間としての倫理を曲げられなかった人々、弱者を見捨てられなかった人々、不正義・差別に黙っておれなかった人々、ベネフィットは受けられず常にコストを払わされる人々、そんな人々を描いた映画である。ここで言う権力は、むろんより強い力を行使できる立場を意味し、それは国家そのものであったり、国家権力を背景にした政治家や官僚であったり、国家と癒着した企業であったり、国家の意を体現する御用学者であったり、国家の末端を担う役人であったりする。単純に言えば善（権力に抗う人々）と悪（権力を行使する人々）の対立とその葛藤の末に勧善懲悪となるのが望ましいのだが、現実は勧悪懲善となるのが普通である。しかし、そこからむしろ「勇気をもらう」ことが可能になるのだ。

権力側に着く人間は、権力を持たない一般の人々を見下す傾向を持っていることは誰でもよく知っている。上からの目線であり、その根拠はバックにいる国家の権力（具体的には法や権威や税金）を握っていること、あるいは金を持っていること、そして権力と金の威力によって理不尽なことであっても通そうとすること、が特徴的である。しかし、金のためとは決して言わず「国の為」とか「みんなの為」と称し、「法律で決まっているから」とか「国が決めたのだから」として、人々を切り捨てていくことが習い性になっている。そして、自分たちがコントロールできる範囲を拡大しようと躍起になっており、それに反対したり抵抗したりする人間を徹底的に排除するために実権力(具体的には警察力や役人の執行権など)を行使するのである。

他方では、権力側の人間は人々が意見を集約して刃向かってくることを極端に恐れ、人々を分断するためには何でもする。個人がめいめい勝手な動きをしようものなら「パニックになった」として力で押さえつけることも厭わない。要するに、国家の意に従順な人間しか想定しておらず、それからはみ出ようとする人間を一致して切り捨てるのである。原発問題で政治家・官僚・業界・マスコミ・専門家の五者の結託が「原子力ムラ」と呼ばれたのだが、原発のみならず公害や鉱害・薬害・放射線被曝・ダム建設などの公共事業・原爆訴訟・環境汚染・福祉切り捨てなど、実に多くの問題で権力側には「XXムラ」が作られ、利益共同体となってそれ以外の人間を排除していく構造となっているのだ。そして最後には、抗う人々は日本にいながら日本人としての権利が保証されない「棄民」にさせられてしまうのである。

しかし、そのような人々であってもただ黙っているわけではなく、権力に抗して、自分たちの権利や要求、鋭い批判や正当な主張を表に出して戦いを挑んでいく。それを記録として留めるとともに、その運動の底にある口惜しさや反骨心、自分たちの誇りや自尊心など人間的要素を読み込んで映像化するのがドキュメンタリー映画と言うことができる。私たちは、抗う人々が国家権力を相手にして、負けるのがわかっていても屈しない愚直な姿に感動する、妥協せずに筋を通そうとする正義感の強さに驚く、つい逃げ腰になったり言い訳をしてしまう自分を反省する、見ざる聞かざる言わざるの三猿になろうとする自分を忌避もする。ところがかれらは、ともすれば妥協する人、裏切る人、逃亡する人、沈黙を決め込む人になる私たちに対して極めて優しい。それを感じ取れば、自分自身を恥じたり励まされたりする。つまり抗う人々の姿をドキュメンタリー映画を通して観ることによって、私たちは「勇気をもらう」のである。また映画で、抗う人間一人一人は無力の人々なのだが同じ目標に多くの人々が集まることによって思いがけない力が発揮されることを発見する。それは同志的な結びつきだけでなく、人間って信頼し合えるんだという確信の発見である。それからも「勇気をもらう」ことになる。そして、たいていは束の間の勝利しか得られないのだが、それも分かっていながら何がしかの未来への希望を抱かせてくれるのだ。

現実社会においては、抗う人々の勝利は長続きせず、あるいは勝利のように見えて、実質的には権力側に有利な結果を強要されることも多い（公害問題の「和解」とか裁判での「裁定」とか公害病の厳しい「認定基準」など）。また一見問題が終わったように見えるのだが、実はまだ完全に終わっておらず、隠れたまま、あるいは語られないまま沈黙を強要されている場合も多くある。一般に権力側は、自分たちに有利な法律や基準を一方的に決定し、それに違反していないから、それに合致しているからとして、不合理な決定を押しつけてくるものである。「悪法も法」だから従うべきとして。

そのような権力の圧力に対抗するためには、悪法の所以を明らかにし、それを改正させるという、ほとんど絶望的なまでに困難な運動を積み上げねばならない。それには時間とともに、それを見守る人間の意識や社会的認識の変化という、もう一つの解決の方向を待つ必要もある（むろん、そのようなときは来ない方が多いのだが）。その一例として、大気や河川や海洋汚染などの公害問題がある。人間を犠牲にしても企業の成長を求めた高度成長期の時代から、成熟社会になるにつれ持続可能性が重要視されるようになり、明らかに人々の環境を見る目は変化した。公害病が風土病でも栄養不足でも怠け病でもなく、企業の廃棄物処理の怠慢であることが共通要因として知られるようになり、過去の検証も行われるようになった（まだまだ不十分だが）。そのために過不足ない記録を残しておくことが必要であり、ドキュメンタリー映画はその役をも果たすことが求められることになった。

以上のように、ドキュメンタリー映画には、記録性とメッセージ性を通じて未来から過去を照射し、自分たちの生き様を客観視する機会を提供するという大事な役割がある。それだけにドキュメンタリー映画はいつまでも古びないとも言い得る。必ず、そこに新しい発見があるからだ。

《三里塚に生きる》

たまたま二つの「生きる」と題されたドキュメンタリー映画を見る機会があった。その一つが《三里塚に生きる》で、三里塚の農民たちが新東京国際空港（成田空港）建設反対闘争に立ちあがった一部始終の集大成である。

誰でも知っているように、一九六六年、旧運輸省（と傘下の新東京国際空港公団）は、何らの下相談もなく、図面の上のみで新国際空港の立地を決定して成田市三里塚の地元に押しつけたのが発端であった。一般には、地元は自民党支持者がほとんどであり、地元の有力者を介添えにして事前に了解を取っておけば、誰もあのような闘争に踏み込んでいなかっただろうと言われている。言い換えれば、権力側は決定を上から押しつけても農民たちは容易に同意するであろうと高を括っていたのだが、何の相談も根回しもせずに金で解決を図ろうとしたことに怒った農民たちが決起して泥沼の戦いになってしまった、というのが真相だろう。決起した農民たちにあったのは人間扱いされないことへの怒りのみであったのだ。

一九六八年以来、小川伸介監督が執念のように三里塚シリーズとしてドキュメンタリー映画を撮り続け、反対闘争の一部始終が人々に知られるようになった。そして反対闘争が抑え込まれていく中で成田開港を間近に控えた一九七七年の第七作が最後になった。その間ずっとカメラマンを務めた大津幸四郎がメインの監督（共同監督は代島治彦）となって二〇一四年の三里塚の現在と、それまで撮影されてアーカイブとなっていた画像を重ね合わせ、ほぼ五〇年の歴史として集約した作品が《三里塚に生きる》である。成田空港は一九七八年五月に開港したのだが、当初予定していた五本の滑走路は現在までに二本しか完成しておらず、首都圏から70キロも離れた不便な空港である上に、交通の便利な羽田空港の拡張がどんどん進む状況を見れば、このまま中途半端な空港に終わってしまうであろうことは確実である。そのような末路は予測できるものの、次々と発着する飛行機を横目に見ながら、またジェット機の凄まじい発着音に四六時中曝されながらも農業を続け空港に反対し続ける人々がいる限り、三里塚問題が最終解決になったわけではない。そんな背景のなか幾人もの犠牲者を出しながら続けられてきた反対闘争は何であったのか、そのことを深く考えさせられる映画である。

三里塚にはハッと息を飲むような美しい光景がある。きれいに整備された畑の野菜の列と小さな林が交互に並び、上空にはたっぷりの夕陽に赤く焼けた雲が漂っている、人工の技と自然が組み合わさって天地人が混然一体となった姿である。しかし、そこには数十年に及ぶ人間の極限とも言うべき闘争の歴史が秘められている。

このドキュメンタリー映画の良さの一つは、小川監督が残したアーカイブ映像、大津監督が新たに撮った現在の映像、写真家北井一夫が撮っていた写真、この三つの素材を巧く混ぜ合わせながら成田闘争の過去の激しさと現在の静寂を対比的に記録していることである。三つの異なった時間と空間で撮られた映像を組み合わせて、過去と現在を重層的に表現するのに成功しているのだ。汗と血にまみれた肉体のぶつかり合いがあり、一生を狂わされた多数の農民の運命の暗転があり、政府の強権に妥協するか闘争を続けるかの葛藤があり、貧しくとも互いに助け合ってきたはずの村の崩壊があり、悔しくも仲間が自死するという痛恨もあった。二〇代の頃に闘争に参加し、今もなお三里塚の土地を離れず空港周辺に生きて農業を続ける人々の淡々とした回想と、過去に起こった機動隊との激しいぶつかり合いの姿が対比的に映し出されるなかで、私たちも再度この闘争が何であったのかを否応なく反芻させられるのである。

物語としての映画の展開は、通常通り現在を基軸にして過去を回顧する手法なのだが、同時に過去が現在にどのような影を落としているか、違った過去であれば（つまり空港が来ないままであったら）どのような現在になっていたか、そんなことを映画を見る人間に問いかける形ともなっている。だからこそ、農民の視点に立って過去に何があったかを克明に映し出す必要があった。そのためだろうか、機動隊とヘルメット部隊との衝突や流血事件はほとんど省かれているのに対し、機動隊と顔を突き合わせて大声で説得を試みる女性たちの逞しい姿の場面が象徴的に選ばれている。過去の映像を具体的に取捨選択して夾雑物を捨て、農地から引きはがされまいとして鉄塔を建てるなどの工夫を重ねる農民の姿が留められているのだ。あるいは、七歳のときに子守に出されたまま、字を学ぶ暇もなく働き詰めの一生であった小泉よねさんの排除の場面を印象深く描く一方、妥協して今は豪邸に住みながらも闘争の過程で自死した友人を思っては涙ぐむ男の寂しい姿に何度も立ち戻ることになる。いくつかの異なったエピソードを並列していく中で、この闘争がもたらしたものが何であったかを記録を通じて示そうとしているのである。

この映画のもう一つの良さは、ドキュメンタリー映画が備えるべき重要な要素である、登場する人たちの人間性を浮き上がらせ、それによって何を訴えようとしているかのメッセージ性を強烈に打ち出していることだ。それは、自然と密着している限り貧しくても生きることができるという農民たちの持つしたたかな自信であり、地に足を据えて逞しく生きることへの賛歌である。そのような生き方は拝金主義にまみれた政府や公団の人間には永遠に理解できないから、金で横面を張って言う事を聞かせようとし、それが効かねば暴力で排除して、そこに存在しない者とするしか能がない。その圧力に頑として同意しない少なからざる人たちがいて、粘り強く抗議をし続けているという事実として描かれるのだ。轟音を発して次々と飛び立っていくジェット機に面と向かいながら延々と農作業を続ける姿を淡々と写し出すことで、成田闘争が未だ終わっていないことが明確に提示されるとともに、権力に抗う人々の覚悟が不滅であることも物語っている。

私は、ドキュメンタリー映画の役割の一つは権力に抗う人たちを描き出すことだと先に書いたが、そこには物語が展開する構造がなければならない。権力側の人間が、抗する人々の覚悟や意地や恨みを全く理解できないまま切り捨てて何事もなかったことにしようとする力と、弱いながらも、あるいは負けがわかっていても抗わざるを得ない人々の抵抗する力とのせめぎ合い、という構造のことである。成田闘争の場合は、権力側の強圧的で一方的な決定と農民側の理不尽な決定への不同意という当然の反発があった。そこで働いていた力は、権力側では金と強権（土地収用法）と機動隊の暴力であり、農民側では抵抗者の団結と互いに励まし合う相互扶助の気持ちと草刈り鎌というものであった。力の差は明らかである上に、仲間の一人が自死するという事件が起こって農民たちの張りつめていた緊張の糸が切れてしまった。そのことは闘争の変化として描写されている。図式化し過ぎかもしれないが、ドキュメンタリー映画《三里塚に生きる》は、人間を人間と見ない権力側の傲慢さとそれに対して怒りを持った人々の抵抗という対立軸の変遷として観ることもできるのではないだろうか。

それにしても、この映画を観て今も成田空港の直ぐ傍で騒音に耐えながら農業を営んでいる人々がいることを思えば、素知らぬ顔で飛行機に乗るのは罪であると思ってしまうのは私だけであろうか。

《阿賀に生きる》

このドキュメンタリー映画は、一九九二年に発表され、好評を博して数々の賞を受賞した名高い作品である。それをなぜ今取り上げるかと言えば、同じ「生きる」と題された映画だが、《三里塚に生きる》とは全く違った持ち味と構成で人々の生活を描き切っており、対比的なドキュメンタリー作品として取り上げたかったからである。

戦前から続いてきたイタイイタイ病は一九六八年に公害病に公式認定され、さまざまな曲折はあったものの二〇一三年に全面解決（とはとても言えない内容なのだが）があった。それに対し、新潟水俣病は一九六五年に病気の公式確認が行われたから公害病としての認定はイタイイタイ病より先行したのだが、熊本水俣病と同根の問題に遭遇して現在もなお裁判闘争（第五次訴訟）が続けられている。つまり、権力側（環境省）の患者認定基準の理不尽なまでの厳格な適用のために、公害病患者として認められない人々が多数いるからだ。ここでも権力側は人々を切り捨てることに奔走し、それに抗う人々は絶えることなく抵抗を続けるという図式が続いているのである。

このように、《阿賀に生きる》の背景に新潟水俣病があるのは事実だが、それを声高に語ることなく、阿賀野川流域に生きる人々の日常の生活を淡々と描くことを通じて、ダムを造って鮭の遡上をできなくし、有機水銀で川を汚して自然の豊かさを奪っていく現代という時代の歪みを際立たせている。それとともに、飄々と生きているように見えながら、しぶとく芯を通している人々が輝いて見える。このような、「静を描きながら動を浮き立たせる」という手法は、よほど練達の作家でないと成功しないのだが、この作品は見事にそれをやり遂げていると言える。

阿賀野川は尾瀬を源流として新潟県の東部地方を貫流して流れる大河であり、かつては鮭が川を上る光景も当たり前であった。ところが、川の至る所（五八カ所）にダムが作られて鮭が遡上しなくなった。山と海を分断した結果、二つをつなぐことで互いの恵みを分かち合っていた関係が断ち切られ、川は貧しく痩せ細ってしまった。おまけに阿賀野川中流域に立地した昭和電工鹿瀬工場が垂れ流す工場廃液で川が汚染され、公害病を発生させることになった。日本の高度成長期の生産優先のため廃棄物を垂れ流す企業が権力に庇護され、そのまま放置される状態が続いたのである。当然、川の恵みを分けてもらうことで生きていた人々はたちどころに行き場を失うことになったのだが、どっこい土地と川に食らいついて生きる人々もいた。この映画に登場する老夫婦やその仲間たちは、泥田に耕耘機を運転してコメを作り、川魚を追い、川船を作って世過ぎをしてきた人たちである。彼らは、阿賀野川がもたらしてくれる恵みに感謝し、そのお裾分けで生きていることを自覚しつつ、ゆったりと自然と共生し、それ以上の欲望を持たないことを当然としてきた。

この映画の中で彼らの日常生活の時間がなんとゆったり流れていることだろうか。慌てず、ジタバタせず、成るように成る、そんな贅沢な時間を毎日過ごしているのである。主人は酒に酔えば歌を口にし、やがて眠り込んでしまう。あるいは、かつて鮭を鉤に引っかけて獲った思い出を語りながら、「なんと魚に対してむごいことしたものだ」と独り言を言う。生き物に対してどうしてこんなに優しいのだろうか。その連れ合いは、長い間の重労働で腰が曲がってしまい歩くのも難儀なのだが、滑稽な歌を歌って座を盛り上げる。この夫婦は、阿賀野川で獲れた魚を常食していたため水俣病に罹り、亭主の方は訴訟団に入って企業を告発することも厭わない。焦ることなく主張を続けていく構えであることがよくわかる。この映画は、これに似た三組の老夫婦を描いているだけなのだが、生活の描写の合間に挟まれている新潟水俣病に関する状況説明と解説が簡素であることで、かえって鋭い告発になっている。声高に語らずとも急所を押さえれば心に沁みこんでくるものなのだ。

この映画作りにおいては、監督の佐藤真を含めてさまざまな出自のスタッフ七名が阿賀野川流域に三年間も住み込み、そこに生きる人々と密着することによってようやく撮影が可能になったと思われる場面をここかしこに見ることができる。おそらく七人がディスカッションを重ねながら老夫婦たちと対話を重ね、その中で特に彼らの心に残った場面を選んでいったのではないかと推察する。

かつて船大工であったが今はもう船造りを止めている老人が、船造りを志願する若人にせがまれ、船の製作の一部始終を指導して完成させるまでの挿話が挟み込まれている。その間のこの老人の目の輝きの変化を捉えた場面の移り行きが出色であった。始めは疑心暗鬼、やがて作業に取り掛かると生き物を追うトラのような目になり、完成の暁にはゆったりした眼光で出来栄えを点検している。まさに人間の内面を抉り出した映像と言えるだろう。また、新潟水俣病の発生源である昭和電工鹿瀬工場に勤めて定年退職後に、水俣病の患者認定訴訟の原告となり、工場からの排水垂れ流しの実態を裁判で証言した人も登場する。自分が勤務した工場を告発するにおいて葛藤があっただろうが、自然をぶち壊しにした企業を許すことができず周囲の反対を押し切って訴訟団に加わったのだ。しかし、それも淡々と語られるのみで、普段を普段として生きている人間の一人として描かれている。川の恵みの豊かさの記憶と、それを利用して慎ましく生きる人間への共感、まさにドキュメンタリー映画の重要な要件を兼ね備えた名作と言える。

二つの「生きる」

この「生きる」と名付けられた二つのドキュメンタリー映画は、一見すれば異なった観点に立ち、異なった手法が採られている。《三里塚に生きる》では静と動の両面を組み合わせてその闘争の意味を炙り出そうとし、《阿賀に生きる》では徹底した静を通じて内面に潜む動の思いを際立てようとしているからだ。しかし、共通している要素がある。形こそ違え、権力側の思惑と抗う人々の思いを鮮明に浮き上がらせていることである。権力は抗う人々を切り捨てようとし、抗う人々は権力に戦いを挑み続ける、そのような生きることの重さをどちらの作品も表象しようとしていることだ。最終的には権力が勝つのだろうが、それへの抵抗はムダではない。抵抗が継承され記憶されていき、その記憶がまた新たな権力との確執を生み出す源泉となっていくからだ。これら二つのドキュメンタリー映画には、その継承を仲介する役割があることを強く認識させてくれる。

二つの「生きる」には、自然と密着して生きることがどれだけ根強いものであるかということを物語っている。自然を相手とする仕事は、たいして金儲けにならず、それにもかかわらず重労働であるのだが、生きている手ごたえを日々感じつつ、自信を持って自らの生き様を曝け出すことができるためだろう。何しろ作物の出来不出来は誰にもわかるし、どれだけ手塩にかけたかも見透かされてしまう。川の魚は体を動かさないと網に入ってくれない。それだけに、自然に働きかけた分は必ず戻ってくるという手ごたえを持つ。これほど心の充実が感じられることはないのではないだろうか。それがこの二つの映画に登場する人たちの強さになっているのだ。現代の私たちは自然と切り離されることによって、貧しい生のあり様しか知らなくなっているのである。そのことを私たちに突きつけ思い出させるとともに、ドキュメンタリー映画の可能性の豊かさも実感させてくれた。

実は、この二つの「生きる」を議論の対象にしたのは、これらの作品には現代という時代とは対極的な時間が流れているということを言いたかったこともある。現代人は、追い詰められたような気分で速く決断し、速くわかった気になることを求め、「速さは金なり」という競争で生きている。その結果として、じっくり考えて判断する習慣を失い、感覚的に反応することに慣れて、すべて安直に速断速決で済ませるのが当たり前になってしまった。私たちは権力の傲慢さに怒らず、権力の陰険さに気づかず、権力の裏の意図も読まず、実に統御しやすい人間集団になっているのではないだろうか。これでは抗う人々はどんどん減って孤立するばかりとなり、全体主義が支配する世の中になっていくのが必然だろう。

このような世の中に自分自身の時間を取り戻し、しっかり足を地につけて歩くことを人々に思い出させるよう警告を発する必要がある。それには、地を這って生きる人間に密着し、その人生を丹念に描いたドキュメンタリー映画を観ることが一番なのではないかと思う。そこには人間が失ってはならない執念のようなものが提示され、それが私たちの心を揺さぶるからだ。また、ドキュメンタリー映画に登場する人々の多様な生き方を見ることで、端なくも権力側の提示する人生の非人間性や限界を知ることにもなる。

この二つの「生きる」と題されたドキュメンタリー映画は、ここに挙げた条件をクリアして私たちに「そのような生き方でいいの？」と問いかけてくる。まだまだ多くの優れた作品はあるだろうが、あえて二〇一四年と一九九二年の二つの作品を選んだのは、時代を経てもドキュメンタリー映画の作家たちの志は変わっていないことを確認したいためでもあった。

X

篠田正浩（映画監督）インタビュー

映画は文学の隙間を映像化する

《心中天網島》（東宝）
《はなれ瞽女おりん》（東宝）

映画を撮ることへの興味

――映画と文学にはどういう相関関係があるのかと考えたときに、意外とそれに関する日本国内での研究で、それほど充実した本が出てないと思うのです。

篠田　出ていません。

――アメリカのLAとかニューヨークでは、結構、大学にフィルム・スタディーズという学科がありますので、その辺が盛んですけれども、日本にはありません。そうした研究は、あるとしても、どうも読んでいて面白くありません。原作にいかに忠実かとか、原作にあることが、映画にはこういうふうにある、あるいはないとか、そんなことだけを調べて、研究でもないし、映画の意義といいますか、価値というか、そんなものが何も見えてこないのです。

ちょうど昨年、監督にお会いできて、ぜひ一度その文学と映画の相関関係という大きなテーマで、監督の作品も交えながら、今日はいろいろお話を伺いたいと思い、こういうことを企画させていただきました。

篠田　そこまでの話で、私は、最近、論考と言えるようなものではありませんが、エッセイを岩波書店の「文学」に書きました。

――読ませていただきました。

篠田　六〇年代の私の文学体験のアウトラインを、あそこに書いています。岩波も映像と言語の関係がどういうことなのかというのをやってみたけれども、編集者が言うには、なかなかてこずっているようです。

――なかなか難しいでしょうね。

篠田　そうしたら、東京大学の比較文学で、私の《心中天網島》や《瀬戸内少年野球団》、《少年時代》の論考が研究者の間から出てきて、私が、この間、成蹊大学で話そうとした話と論点の軸が共通していました。僕らの同世代とその直後の世代は、活動屋の映画に一種の信仰みたいなものがあって、比較文化として映画というものに補助線を引ける人がなかなかいないのです。私自身は、先年亡くなった品田雄吉が言うには、「篠田は、映画界からは、ちょっと別の人種として見なければいけないということに気付いたけれども、それが遅くて論考にもできなかった」ということでした。

私自身は、ヌーヴェルヴァーグと呼ばれている、一つのグループにはめ込まれてしまったのですけれども、この大島（渚）、吉田（喜重）と私の関係でいきますと、この三人が一つのエコールに、松下村塾みたいに集まるようなことはあり得ないのです。出身学校が、吉田が東大仏文で、大島が京大法学部で、私が早稲田の文学部で、それぞれ自分たちが背負っているバックグラウンドが違います。敗戦後の日本を襲った歴史体験は年度ごとどころか、本当にマンスリーで、捉え方は異なり、いろいろなグレーゾーンが出てきたり、対立が生まれたりしてひと括りにはできません。だから、ヌーヴェルヴァーグというジャーナリズムのカテゴリーには違和感があったが、何とか、それにお付き合いしてきた部分がありました。この間、成蹊大で話したときに、その辺の区別をきちんとしたいなと思ったのです。

――たまたま僕らが篠田監督にアプローチしようと思っていたときに、岩波からああいう特集が出ているということで、偶然重なりまして、さっきおっしゃった東京大学出版会から出ている『文学と映画のあいだ』という、野崎歓さんが編集されているものも最近出ていますし、今、そういう流れといいますか、やっと、やっと……。

篠田　やっと、アーキテクツなやつが出てきました。

――そうなのです、まさに。最初に映画をつくりたいと思ったきっかけになった文学作品や小説など、何か具体的にこれを読んでというものがありますか。例えば、川端康成の『雪国』のことにも触れられていますけれども、学生時代に映画にしたい、映像化したいと思われた最初の作品というのはありますか。

篠田　それは、たった一つあります。谷崎潤一郎の『武州公秘話』です。生首を化粧する話です。戦国時代の話ですけれども、武州公ですから武蔵の殿様。少年時代（法師丸）に人質にされ、戦いで、敵方の首が上がってきます。その鼻の欠けた首をきれいに洗って、髪を結い直して、お化粧するのが城中の女たちの仕事になるということで、その首を洗う光景を目撃した武州公が君主になったときには、マゾヒストになって異常な快楽を求める有様を描いた潤一郎の耽美的な世界です。昭和十年には出版されていた。今はもう、そのディテールは忘れてしまったのですけれども、その主君に嫁いだお姫様・桔梗の方が政略結婚するものの、父の仇を討とうと隙を伺っている。その秘密を知った武州公は惚れた情熱から味方になることを決意する。彼女とコンタクトを取るために忍び込んでしまったのが女の厠なのです。谷崎は高貴な女用の厠の構造を詳細に考証を交えながら描写するのです。武州公は、桔梗の方が用を足すのを待ち構えます。人間の根源的な暴力とエロスというものが、女厠というところで対話するのです。

――すごい世界ですね。

篠田　それを映画にしたら面白いかなと思いました。

――それは何歳くらいのときですか。

篠田　もちろん戦後になって、乱読していた大学時代です。映画というものを本格的に見だしてからです。それ以前は、戦争中、中学二年くらいのときかな、太宰治が『右大臣実朝』を書いたのです、源実朝です。これはハムレットと同じだなと思って、実朝の憂鬱はなかなか面白いのではと思いました。その一方で富田常雄の『姿三四郎』を読んで面白いと思いました。そうしたら、黒澤明が映画にしましたので、母に誘われて見に行きました。

――先ほどおっしゃった、谷崎の作品とかを「あっ、これを映画化したい」と思われたときに、具体的な絵というか映像が、当然、自分の頭の中に浮かんでくるものですか。

篠田　そうです。自分が、どうも映画に向いているのではないかなというのは、文章を書くよりも、文章に触発されて想像が生まれ、その混沌とした印象を、どうやって具現化しようかと考えたときです。それを文章にするのは、俺の任ではないなと思ったのは、学校で夏目漱石の『草枕』を読まされたときです。「山路を登りながら、こう考えた」なんて、僕は陸上競技の選手でもありましたから、しょっちゅう山へ登ったり、走ったりしていましたが、アウトドアあるいは校外観察というものを、『草枕』はうまく書いているなと思ったのです。けれども、『草枕』の歩きながらの思考過程が文章化されたら、歩行中の息遣いは消えていて眼前の景色とは違うものになっているのではないかなと思ったのです。

もっと映画というのは、文章とは違うコトバの働きがあるものだろうということは、かすかにわかっていたのですけれども、それは一体どのようにして手に入れられるものか。その間近に、まず写真というものがあります。ただ、写真というのは、ある運動が制止したモーメントしか写っていません。「いや、このモーメントの前後があるぞ」と写真を見るたびに、その前後を思うわけです。そうすると、その前後をどうやって取り入れたらいいのかと考えて、ずっとそれを日記に書いてみるといっても手に入らないという、もどかしさが少年時代にあったわけです。しかし映画を見ると、それは、自分が見た実世間の映像の再現化というのとは、全然関係がないと思ったのです。映画も、文学と同様に、現実を再現していないと。

映画館とムービング・ピクチャー

篠田　映画館というところは、一種、社会から隔絶された特別な場所でした。僕の母は、映画にいくとき、よく私を誘って連れて行ってくれたのです。

私は小学校に上がるころから、軽いどもりになっていました。家の中で育ったので、家の外、周辺に隣がなかったのです、家が孤立していて。父が岐阜の町の郊外に工場を建てたので、町の中から引っ越ししたとき、四歳か五歳ぐらいでした。だから、小学校へ上がるまでに友人なんていませんでしたし、幼稚園にも行かなかったですから、小学校の長い廊下を初めて見たとき、怖いと思ったのです。教室の椅子に座らされ、先生が名簿を開いて、名前と顔を覚えたいから、名前を呼んだら立ち上がって返事をしなさいと言われました。これが、私の社会体験として味わった最初の恐怖でした。呼ばれたとき、どうしようかと思いました。町から来ている級友は、みんな嬉々として返事をして立てるけれども、私は、呼ばれたらどうやって立つのかとおびえ、とにかく呼ばれたので立ち上り返事をしました。それで椅子に戻ろうとしたら、椅子がひっくり返っていて転倒したのです。教室に笑い声がドッと上りました。そうしたら、先生が、「篠田君はとても元気のいい返事でした」と言われて、全くコントロールを失っていた自分だったということがありました。それから、どもりになったのです。今でも残っていますけれども。

その体験があって、おふくろに映画館へ連れて行かれたのです。映画が始まる前、後ろの扉が閉まると、とても楽しいなと思ったのです。試験の答案用紙を配られる音も気にしないし、本を声をあげて読みなさいと言われる国語の時間の憂鬱もない、これはいいところだなと思いました。どもりも直るのではと。

隣の母に「映画館はいいところだね」と言ったら、「正浩、ここはね、年末になると借金取りから逃げてくるところよ」と言われました。昭和の初期ですから、一九二九年のパニックの影響を日本も受けて不況が長引いていました。僕の父や母は、新しい工場を経営するので、銀行からいっぱい金を借りていたと思うのです。このパニックで、そんなに業績が上がらなくて昔は信用取引でしたから、六月三〇日と十二月三〇日が支払日で、そのあとは帳面につけてあるだけなのでしょう。僕はよく母にくっ付いて銀行に行って、金の出し入れに付き合ったりしたことがあったのですけれども、その苦労から、映画館でゆっくり息子と映画が見られるほど余裕が出てきた気持ちを母親は味わっていたのでしょう、そのときは。でも、支払日になると、おやじと二人で銀行から逃げ隠れしていたのでしょう。そのときに思ったのです。見たのは、監督が山中貞雄か、伊藤大輔のどちらかわかりませんけれども、大河内傳次郎の《丹下左膳》でしたが、映画というものの面白さを味わったのでしょう。今みたいにパジャマではなくて、普通の寝間着を着て寝ているのですけれども、朝起きて洋服に着替えるのを嫌がって、刀が差せないから着物のままでいたいと母に駄々をこねました。

――丹下左膳のつもりだったのですね。

篠田　もう一つは、父が水力発電のエンジニアで、中学のときに水力発電の仕組みを教わりました。父の在所が岐阜市郊外の無灯火村だったのです。長良川が近くにあって、農業用水が長良川から取水して田んぼに流れているのですけれども、その水車の出口がストリームになっていたので、このストリームを使って、自家製の発電機を、タービンを付けて動かそうというのを兄とやって、中学のときに無灯火村に一五〇軒くらい電気をつけたのです。明治四十年のことでした。それが評判になったのでビジネスにして、長良川、揖斐川、木曽川の急流を使って、ダムサイトをつくっていったのです。だから、中卒でもう80人くらいの職工を集めて、発電会社、篠田兄弟電機工場なんていうのをつくりました。

そのときに家に16ミリのイーストマン・コダックの映写機があって、父が仕事で見てきた地方のドキュメンタリーを上映して、映画会をやってくれるのです。それは退屈なもので、あのころの岐阜の町の中で、ホームムービーを持っている家の数はあまりなかったと思います。イーストマン・コダックの景品みたいなものですが、アニメーションが入っていたのです。ミッキーマウスでした、ディズニーの。それが一番目当てなのです。それを何度も見たいなと思っていました。父親のドキュメンタリーを見せられたあとに、ミッキーマウスを見られるのですが、イーストマン・コダックという英語の文字も一緒に見るのです。これが、一番身近に、一番手の届くところで映画を見た体験です。父親の撮ったドキュメンタリーが今残っていれば、昭和初期のダムサイトの光景が映っていて、貴重なものになっていたのではないかと思います。

一つだけ印象があります。河原で力自慢の若者が集まって、大きな大木を持ち上げて（身振りで）こう動いて見せるのです。その一人の足元がふらついて酔っ払っているように見える、その異様さだけが、私が映像としての、写真ではないものを見た記憶です。

——ピクチャーがムービングしているということで、まさにムービング・ピクチャーですね。

篠田　初めてモーション・ピクチャーを見ました。ミッキーマウスのアニメーションよりも、その印象が強いので、多分、私が映画監督になったとすれば、その映像体験が、ある意味では、最初のトリガーになったかもしれません。

――それはいいお話ですね。何でもない光景ですよね。

篠田　何でもない光景です。

――ストーリー性も何もないような、あるのかもしれないけれども、取り立てるようなものではなく、それが動いているというのが強烈な印象としてあって、だから、活字に起こすよりは、映像で、イメージで……。

篠田　これは映画でしか見られないと思いました。

――心を伝えたいという、そこが原点なのですね。

篠田　はい。

――最初の映画で、スクリーンから機関車がワーッと走ってくるので、観客が逃げていくのと、ちょっと似たような感じですかね。

篠田　それと同じ体験を、僕はそれでしたと思います。だから、それは五歳か六歳の体験ですけれども、鮮やかにそれが今もちゃんと話ができるように残っているわけです。こういう話はつくり話ではできません。

――監督は、小説も当然たくさんお読みになっていたと思うのですけれども、今度は自分も小説を書いてみようというよりは、さっきおっしゃったように映像を動かしてみたいと思われたのですか。

篠田　小説として、吉川栄治の『宮本武蔵』の洗礼は同時代ですから受けていましたけれども、やはり太宰治の『右大臣実朝』が文学として、私は魅力のある世界があると思いました。「アカルサハ、ホロビノ姿デアラウカ」。右大臣実朝に仮託して、人間の存在の憂鬱さを、僕はちっとも憂鬱ではなかったのですけれども、文学の中に憂鬱を描くということの魅力がありました。一方で、姿三四郎がいましたし、宮本武蔵もいましたから、死ぬ喜びではなくて、戦う喜びのほうが強かった中で、やはり太宰治に、これが文学というものかと思いました。漱石には魅力を感じなかったですから。『坊っちゃん』のどこが面白いのかわからなかったし、『吾輩は猫である』というのは、これは俺が読むような文学ではない、歳を取ってからならいいかもしれない、今は付き合えないなと思いました。

文学がつくりだす時間と映画がつくりだす時間

――実は、僕らは、この「三田文学」に掲載された「文学と映画の間には」という、素晴らしいエッセイを読ませていただきましたが、これの中で川端のこととかにも触れられています。それに関連があるのですけれども、例えば、『ボヴァリー夫人』という小説は、映画研究のとき、必ずそれを読まなければいけないみたいになっていますが、映画が出現する前に、既にそういう映画的な細かい描写を文字によってやっていたということは、映画の出現以前の作家にも、そういう映画的想像力はあったとお考えになりますか。

篠田　谷崎潤一郎が、「泉鏡花の文学は映画的だ」と言ったのです。泉鏡花を読んだときから、これはこの世でない物語だなと思ったのです。『日本橋』なんて読んでいても、芸者の世界というのは、実はこの世の人々ではないと、どこかで僕は思っていました。人間がつくる造花というもの、枯れることのない花。人間の人工的なものというのは、とてもデモニッシュでしょう。大正時代にモダニズムとして映画が入ってきたとき、最初に一番敏感に反応したのが谷崎潤一郎で、大正九年、監督はしなかったけど泉鏡花の小説を映画（『葛飾砂子』一九二〇）にしています。泉鏡花の文学の中に映画を見たという、潤一郎のエッセイを何かで読んでいます。文学者として最初の映画体験でないかと思いました。

古典からも例えば『源氏物語』（「若菜上」）で、皇女で光源氏の正妻になった女三の宮が手につないでいた猫が他の猫と争いになって紐が絡まり、御簾を跳ね上げます。その時現れた女三の宮の姿を見てしまう柏木（太政大臣の息子）が禁断の恋に落ちる瞬間を描いています。これは映画のシーンではないかと思いました。

――確かに映画的ですよね。

篠田　ところが、『源氏物語』全体は、洗練された言葉のナラタージュで、時々は映画的な瞬間の叫び声を聞くように思えます。映画というのは、文学のなかの叫びかと思いました。

――ということは、映画が一般に普及してくると、それ以降二十世紀に入って、小説も映画の影響を受けて、表現の方法が映画的にどんどんなっていった部分というのが、当然あるのですか。

篠田　一番その問題を感じたのは、サルトルの『自由への道』を読んだときです。サルトルが、戦後になって、第一次大戦から第二次大戦のモラトリアムをどう生きるかということに始まって戦争に引き込まれてしまう。文体も変化して、ストーリーでは追えなくなる。主人公のマチューとかかわり合った人物たちの開戦直後の情況が一行ごとに変わってパリであったり、突然ニューヨークのことになったり、あるいはマルセイユからイギリスに離れようとしており、あるいは逃走中であったり、当人のマチューは戦場という、フラッシュバックのように書いています。映画そのものです、もう。半世紀以上の読書でディティールの記憶が覚束ないのですが、その省略、飛躍のスピード感から、文学の特権である自由な時間を放棄しているのでは、という驚きがあったのです。文学というのは、もっと落ち着いていいのではないかと思っていました。文学的時間があり、文学がつくりだす時間と映画がつくりだす時間の区別が喪失しているのではないかと思いました。

私自身は、文学、小説を読むときと、映画館で映画を見るときと、明らかに対応する態度が違います。どこかで文学を読んでいるときに求めようとしていることと、映画を見て手に入れたいと思う欲望は、ちょっと性質が違うなと思ってきました。それは女の選り好みとも違うな、好みの問題ではないと思いました。それが映画を撮っている間も、ずっと自分にとって未解決な謎のようにありました。

文学についていては、聖書なんていう古いものや、日本では、『日本書紀』、『古事記』に書かれていた神話のような言葉というものの力があります。例えば、天照大神は実在しないけれども、天照大神という漢字が書かれることによって、そこにあたかも存在したかのような力を持ちます。それは存在というよりも、思想の形象であったり、宗教のヴィジュアル化であったりするわけですけれども、文字に書かれた強さは、映画とは違う到達の仕方だなと思います。しかし到達する世界は抽象化、象徴化されて、映画と文学の区別はない。エクリチュールという位置からは、文字と映像の間の分岐点というのはどこにあるのか、見出すことは難しい。

文学の隙間を映像化する

——監督は、文学作品、小説なり戯曲なり、そういうものを映像化されるときは、読む場合と見る場合の姿勢が違うと今おっしゃいましたけれども、制作されるときには、原作に、忠実でなければならないとか、そういう観点からすると、当然変わるわけですよね。ただ、絶対に残さなければいけないもの、その小説、文学を読んだときの体験と言いますか、感覚を映像にするときに、いろいろな翻案があって、変わっていく部分があると思うのですけれども、絶対ここだけは残さなければいけないというのか、その辺の兼ね合いというのは、どういうものなのですか。

篠田　今、あなたがたと向かい合って話しています。そうすると、このテーブルの距離の差で対話の主題が定まり、声の大きさまで決めます。ちょっと離れると声が大きくなって教室の教師と生徒という関係に似た関係が生まれてきます。あるいは講師をはさんだ席としますと、友人同士の話しの言葉になってくる。同じ中身でも、演出する場合には、ここ、やはりディスタンス、空間というのが、演出の重要なファクターになるのです。ところが、シナリオライターに、会話の場面を書かせると、全部等距離なのです。

——同じなのですね。

篠田　そういうことです。だから、全然空間が生まれてこないのです。その空間を感じさせるようなセリフ、これは生かさなければなりません。演説をぶつときには、演者と聴衆という関係性から生まれた距離感（声の大きさなど）のために、カメラポジションも事前に決定されて、中継するところにカメラを置かざるを得ないわけです。

ところが、小津安二郎の映画というのは、全部日常の挨拶語でセリフが書かれています。これは驚くべきことだと思いました。それは、そこに定着した家の茶の間という空間には、絶対値がありました。その絶対値に沿ってセリフが書かれています。そこで理屈を言うのは愚の骨頂になるのです。そうすると、そこで泣いてみせるという激情も愚の骨頂です。泣きもしない、笑いもしない、その日常の中にいるたたずまいの時間を描くために発せられる言葉だけが書かれているわけです。だから、日常の挨拶だけでセリフができているわけです。自分の娘を嫁にやりました。悪い仲間が、その二次会で、すし屋に集まって、なぐさめてやっています。そのセリフが、「ハマグリをくれ」と誰かが言うと、もう一人は「赤貝だよ」と。「トロ」に始まって「ハマグリ」「赤貝」と下ネタがつづく。それだけで娘を失った父の……。だから、小津安二郎ほど映画的な作家はいません。

――あの作品は、アメリカの作家でも、例えば、ポール・オースターという現代作家がいるのですが、長々とそのシーンを引用していますし、非常に今でも評価する人が多いですよね。

篠田　例えば、映像と言語の関係でいくと、小津の映画は、日本的な謙譲さから決まりきったセリフでやっていると思っているかもしれないけれども、僕が助監督で付いたとき、先輩の助監督が、「小津はな、富士山と松の木は映さんからな」と言いました。そういう日本そのもののファクターが画面に侵入してくると自分の世界がディスターブされる、それを潔癖に拒絶したのです。だから、松の木の枝ぶりがいいようなところでは、絶対カメラを構えません。富士山が見えるところなんていうのは、絶対行きません。

それと、例えば、《晩春》について、その先輩の助監督から聞いたのですけれども、田代幸蔵という人です。笠智衆が東京の大学から鎌倉へ戻ってきて、玄関を開けて、「ただいま」と言うと、「おかえりなさい」という原節子の声が遠くから聞こえます。ガラガラとガラス戸を閉めて、帽子掛けに帽子を置きます。そうすると、原節子が廊下に現れて、お父さんのかばんを取って、茶の間に二人が消えます。ところが、嫁にやって、笠智衆が一人で帰って、「ただいま」と言うと、「おかえりなさい」という声がありません。その間の空白がわかるためには、最初に現れたポジションと同じポジションにいなければ駄目なのです。そのときに重要なのは、廊下にはシンガーミシンが置いてあるけれども、ラストシーンで帰宅したときにはないのです。

――ないのですね、確かにそうですね。

篠田　小説は、そこを文章に書いても、小説にならないのです。娘が帰ってきたけれども、シンガーミシンはなくなっていたなんて書いても……。

――消えていたと書いても何か意味がないんですよね。それは映像ならではですね。

篠田　そこが文学の隙間の映像であって、だから、「隙間ビジネス」と言われています。

――なるほど、「隙間ビジネス」ですか。それは今、よく腑に落ちたような気がします。

近松門左衛門の映画的想像力

――先ほどの映画以前の作家の映画的想像力という話ですけれども、監督がお撮りになった《心中天網島》、これは、僕らはＤＶＤで、実は最近見させていただいて、すごく新しいなと感銘を受けました。近松なんていうのは、ずっと前の人なわけですけれども、彼の映画的想像力みたいなものはお感じになるわけですすか。

篠田　近松自身は、男女の危機を描いていると思うのです。元禄という時代は、実は社会革命が起きていて、町人という階級が出てきました。初期資本主義の大坂の堂島を中心とする米相場に始まって、為替から先物取引まで始まっている時代で、世界経済史から眺めると、先進的な資本主義体験をしている市民が生まれていました。自力で作った淀屋橋の淀屋三郎右衛門とか、様々な豪商が出てきたけれども、その一方、綿花を河内で生産して木綿糸や織物にする、その生産地の農民が販売の商人とのチャンネルで雇用され、無名の町人として大坂に現れてくるわけです。それらが近松の世話物浄瑠璃の主人公たちです。

《心中天網島》の場合でも、小春が、湯女上がり、今でいうと、ソープランド上がりの女で、女郎としては下のほうなのです。心中する男女の多くが身分の卑しい女郎と無名の町人です。彼らが道行きすると男の背が高くなったようである、と表現したのがドナルド・キーン先生です。「近松とシェークスピア」の中で、近松の『曽根崎心中』をとりあげ、醤油屋の手代徳兵衛が、新地の女郎お初と道行になると「此の世のなごり、夜もなごり、死に行く身をたとふればば」と語る文章によって、人間のすべてを代表するというと大げさかもしれないけれども、人間の尊厳を背負って死に向かって歩き出すと、背が高くなったように見えるというのです。

昔は、天照大神をはじめ神々の名を唱えることで、祝詞というコトバになって朗誦され、この祝詞が日本における演劇の起点になっていると私は思うのです。近松もその系譜から漏れないと思います。それは宗教と祭事のセリフだと思います。それを日常、神様の名前ではなくて、神様（あるいは仏様・神仏が習合していた時代ですから）として今あの世にいるかもしれないけれども、彼らの生前について語りましょう。どうして彼、彼女たちは神様仏様になったのでしょうか。それは心中の道行は神になる足取りだと僕は思ったわけです。

近松を映画化する場合は、精いっぱいセリフについては現代人にもわかる言語にしました。しかし現代語でありながら、七五調の祝詞のような、演劇的な、芸能的な、宗教的な言語のあり方でいいのです。ただ、僕があの映画でやりたかったのは、人間が人間から神仏に変わっていく、その人間の世俗世界からの離脱を近松が書いているところです。

『心中天網島』の道行は「橋づくし」と呼ばれています。大坂の町は淀川、大和川の水系を利用して流通の橋をいっぱいつくっています。それが、三途の川を渡って生から死の世界に道行となるインターフェースとして使われています。いろいろな形で道行というのはあって、『平家物語』で平重衡が東大寺を燃やしたために鎌倉送りにされる場面でも有名な東海道道行があります。それ以前にも、様々な道中を、罪を背負ったものが流されていく、この道行というものが処刑ということで、この処刑というものが単なる刑罰ではなくて、道行では殉教というハレの場になります。

元禄という時代の近松は、大坂で町人による資本主義の殉教者たちと見ています。江戸では忠臣蔵。武士が主君のために殉教します。これは上下関係の殉教であります。ところが、大坂では、男と女という対等、水平な関係で殉教します。武士の仇討はヒエラルキーによる上下運動で、町人の心中のほうは水平運動。この両軸がちょうど交差している時代の狭間で、近松門左衛門は武士を捨てて芸能者になりましたけれども、この覚悟から、僕は近松はアウトサイダーの役割だということを自覚的にやった、最初の人間ではないかなと思いました。

もともとは福井藩の浪人の家で、ついで公家侍になって、後水尾天皇なんか、幕府による禁中並公家諸法度で政治から排除され、天皇家の衰微を目の当たりにしていたのではないかと思います。公卿侍だったときは朝廷文化ですから、『源氏物語』や『枕草子』は当たり前に読んでいたと思います。だから、貴族文化と、士族、そして町人・女郎。この三者の接合によって完成した人形浄瑠璃というのは、お能の様式に隣接するものです。

――能の世界ですね。

篠田　だから、近松の場合も、その出自のために貴族文化と民衆主義の両極にまたがっていたと思います。

――なるほど、わかりました。いわゆる心中というのが、どうしても先にイメージとして来ます。しかし、監督のあの映画を見ていて、心中というテーマが、僕らの中では、あまりメインのものとしては迫ってこないのです。全く違うものがあった。タイトルも《心中天網島》となっているのに、確かに心中は最後にはするけれども、これは心中ではないよなというところで、今のお話を伺ってわかりましたが、特に女同士の義理というのは……。

篠田　女同士の義理は、先鋭的なジェンダーの話になってきますからね。

――あれは、こういう世界があったのかと、ちょっと驚きました。

誤解を引き起こす映画の言語としての語法

――《心中天網島》の冒頭で、富岡多恵子さんと電話でお話になっているところから入りますよね。イメージのエッセンシャルな部分を書き抜いていってほしいということを確か富岡さんに言われていて、もちろんそれはお墓のシーン、墓地で情交するところの話もあったと思うのですけれども、監督のイメージのエッセンシャルな部分と、脚本家のイメージのエッセンシャルな部分は、もしかしたら違うこともあるのですか。

篠田　それはお互いに偶然性ですね。チャンス・オペレーションといいますか、要するに、偶然をつくろうということです。ジョン・ケージの音楽は音から発します。だから、いろいろな音と音が出会うことによって響きがあり、そこに音楽が生まれる瞬間があります。それらの出会いを計画的でなく、偶然性を操作することで、音楽はもっと音の本質に迫れるのではないかという、チャンス・オペレーションという考え方です。

僕にとっても一番はっきりしているのは、観客の大半は誤解して映画を見ています。ある意味では、自分の理由で、自分に引き付けて映画を自分のものにしようとします。高倉健がドスを抜いたら、自分が抜いたように思っているかもしれません。あんなことをやるはずないのにと、ある人はひいています。だから、大抵が誤解の上に成り立っているわけです。

しかし、誤解を引き起こさせる要素というのは、《羅生門》以来、映画言語としての一つの語法になったと思うのです。お互いに誤解してくれることが楽しみなのです。だから、何でも一つ、映画会社は、お客はこのレベルだから、これにわかるように映画をつくれといいますが、実はそのレベルは何もないのです。私の《乾いた花》なんていうのは、試写をやったら、訳がわからないと言われて、お蔵になったのです。

――石原慎太郎の作品ですね。

篠田　石原慎太郎の原作です。慎太郎の持っている実存的な光景というものを、どうやって捉えていいのか、ストーリーにたよってきたプロの脚本家でもわからなかった時代なのです。ストーリーに置き換えることができない光景です。それは一種の夢想に近い光景です。新しい映画の光景が見える、と僕は思いました。

――そうですね、確かに。

篠田　だから、《心中天網島》で富岡多恵子に僕がオーダーすると、それを富岡多恵子流に受け止めて返ってきた言葉が、ブーメランとして戻ってきます。私がつくりたい映画を最初に見てくれるのは脚本家です。脚本家が監督のイメージを聞いて、そのレスポンス、答案としてシナリオに書いてくれる。そこで、ああ、俺のイメージがこういう言葉になって、こういうシチュエーションになるのかと思うのです。それはその脚本家を選んだときからの運命なのです。絶対に自分なんて存在しないのです。映画監督にとって、自分なんか存在していません。常に他者の中にある淡い光景、光の泡沫みたいなものです。だから、簡単に映画監督は自殺できないのです、文学者のように。天気のせいにしたり、役者のせいにしたり、予算のせいにしたり、プロデューサーのせいにしたり、いろいろなエクスキューズが山のように呼び出せます。監督になるために一番いい職業は、弁護士になることかなと思いました。うそですが（笑）。

――浄瑠璃の世界を、あれだけの低予算で、しかし、本当に浄瑠璃を見ているような感じで、見終わったあと、映画を見ていたのか、文楽を見ていたのかという錯覚に陥ってしまうような感じがして、本当に面白い作品だと思いました。

篠田　事実、あの映画の企画は、松竹の時代にやったのですけれども、松竹は歌舞伎公演をやっているから、すんなり受け入れてくれるかと思ったら、「心中天網島と読めるのは、観客の十分の一もいないぜ」と言われました。僕はそれでヒントを得たのです。新聞広告にこの題名をそのまま出したら、これは何だというので、観客が絶対インスパイアされると思いました。コカ・コーラという文字は、あの記号化した文字の形から中味を読めるわけだから、カタカナやひらがなで書かれた映画広告の中に、《心中天網島》と短冊のように一つあって、これが映画で、横に原作・近松門左衛門と書いてあると、知識人は、シェイクスピアと同じぐらい有名な人ですけれども、ほとんど読んだことがないので、それを読まなくても見せてくれるという効果があります。僕にとっては、松竹に断られたのがヒントになって、これは客を呼べるチャンスだと思いました。

――黒子が登場するところは、まさに映画なのか、舞台なのかという、この両方が一緒になって、時々、ああ、これは映画なのだという不思議な世界を体験させられました。圧巻なのは、最後、治兵衛さんが首をくくらなければいけないときに、投げた縄を黒子がちゃんと引っ張ってくれるシーンが、「ああ、ものすごいな」と思っていました。

篠田　心中する男女は処刑されるのも同じです。その時代や社会制度に、人間は生きている間に何らかの形で我々は処刑されるわけだから、具体的に殺されなくても処刑されるのです。それが黒子によって表現できるのではないかなと思いました。

鳥居をつけたのは、皇国史観によって戦死した人のためです。そこまで説明を一度もしたことはありませんけれども、原作では水門ですが、鳥居にしようと思ったのは、皇国史観のフレームです、装置です。

《沈黙　Silence》

――遠藤周作の『沈黙』なのですけれども、いわゆる近松の描く日本の義理人情的な世界から、今度、キリスト教文学ですよね。遠藤はカトリックの洗礼も受けている人で、そのキリスト教文学というものを映画化しようと思われたきっかけは何ですか。

篠田　共産主義です。

――共産主義ですか。

篠田　マルクス・レーニン主義で、戦前の特高警察の手で拷問死した小林多喜二のことを思ったのです。拷問という言葉は、僕らの生きた時代の中にもありました。その天皇制に対する冒潰に対する強烈な拒否が、昭和という時代の大きな問題だったのです。戦後、それを全然誰も取り上げないのです。十六世紀のキリスト教布教者の殉教と、昭和におけるマルキストたちの殉教と……。僕はマルキシズムそのものも実践的な思想ではなくて、宗教的な熱狂を生んでしまっているというアイロニーもひっくるめて、それを拒絶した日本とは何ですかと……。

遠藤の小説で一番腑に落ちたのが、日本というのは、“swampy”（沼地のようだ）と定義したことです。ここにいくら植物を植えても、根腐れして育ちません。でも、水穂の国の稲は育つのです。キリスト教も根腐れさせてしまう沼地だと。

――そのあたりは、『日本語の語法で撮りたい』というご著書の中にも触れられていることですけれども、まさにそこにキーワードとして、すごく印象的なのが、「異邦人のまなざし」という表現をされていて、土着の人間にはいつも新鮮な自画像というものを、異邦人のまなざしが与えてくれているることでした。日本人でないような形で、その日本の探求というものをやってみたいとおっしゃっていました。

その流れでずっといくと、この遠藤周作の『沈黙』は、さっきの近松とも対をなす、ペアになっているような気が非常にしてきました。ポルトガルからやってきた宣教師が、なかなか布教が根付かない中で、最後は自分の宗教まで捨てなければいけないところまで追い込まれていくわけですけれども、そういったキリスト教そのものがどうこうというよりも、日本の土壌というのですか、そういう近松と対になるような感じの日本そのものを、監督は描こうとされたのかなというような気がしました。

篠田　近松は、世間を見る目が、情を込めるとは言っているけれども、彼くらいドライに客体化できた人はいないでしょう。心中場面でも、町人は刀の使い方を知らないからとどめが刺せない。急所を外す町人の刃は女を悲惨な有様にしてしまうと、語る。ほかの近松半二や、様々な並木なにがしを始めとする人たちの歌舞伎、浄瑠璃の言葉の持っている情の厚さで、僕は辟易していたのですけれども、近松だけは突き放していました。ようやく近松を介在してはじめて、日本という土壌が育んだ、感性が育んだ芸術性というものが現れた。その発見がおくれたのです。それほどヘミングウェイやサルトルよりも、近松のほうが遠かったのです、普通に生きてきた戦後の日本人にとって。ということは、日本という国はもう一度、その土壌を発掘、探検しないと駄目だなと思いました。エクスプロージョンしないと、アプローチできないなと思いました。俺は日本人だから日本語が話せるよといっても、厳密に日本語がどうして成立したか知っているかというと、それすらわかっていません。

なぜ、日本列島に日本語が成立できたのでしょうか。それこそ、ちょうど『魏志倭人伝』を読んでいて、中国の歴史家によって日本を眺める光景が客体化されて、三世紀の日本の光景がはじめて記述されました。そして、卑弥呼という鬼道を操る巫女王の存在を教えてくれました。朝鮮海峡を隔てただけで、日本語は、日本の神々の名前をつくりました。『古事記』、『日本書紀』に出てくる漢字で書かれた神々の名前は、絶対に隣の朝鮮半島でも中国でも見つけることができない日本語になっているのです。この絶対的固有な言語の世界が、それこそユングの論説と同じように私に迫ってきたのです。集合的無意識、“collective unconscious”ということですけれども。

今世紀、フロイトは個人としての無意識を見つけたが、その弟子のユングは、個人の体験を超える共同体の中で生まれた無意識、祖先が体験したものが遺伝して無意識となった集合的無意識を立論しました。言語というのは、その集合的無意識の塊みたいなものだから、それが下手するとナショナリズムに変化して、天照大神という偶像のために命を投げ出すところへも突進します。

力学的にいえば、日本主義の起点である高天原とキリスト教的なパライソ（天国）と、僕は、記号としては同じだと思っています。キリスト教国人はそう信じていますが、日本の高天原にイエスの世界があると思ってはいません。アマテラスがイエスに従う教理は成立しません。そのクニに十七世紀、ポルトガルからイエズス会の宣教師ロドリゴが命がけの布教のため潜入して掴まります。その罪過の審判に井上筑後が当たります。彼はかつて洗礼を受けキリスト教徒になりますが棄教した前歴があります。井上筑後は、そのいずれにも救済されないという絶望を知っています。これは、サルトルの標的になる実存的な人物ではないでしょうか。ところが、ロドリゴが告白した転宗は形の上だけで、事実は転宗してないと言われています。彼は日本に布教することには絶望しているけれども、実はキリスト教にも絶望しているのではないかという畏れが、遠藤の中にあったのではないかなと思います。神の救済が訪れるまでの沈黙、神の長い沈黙に耐えることができるのだろうか。

――それは確かにそうだと思います。

篠田　遠藤に問い詰めたことがあるのです。そうしたら、「俺がキリスト教徒になったのは母親のせいだからな。母親が離婚して、やけくそになってキリスト教にすがって、私は無理矢理、幼児洗礼を受けたから、俺のせいじゃない。でも、篠田、カトリックはいいぜ。浮気しても、ごめんなさいと告白すると、それで全部許してもらえるから」と答えました。

――それは、一番遠藤周作らしいコメントですよね。ほかの作品を読んでいると、そっちのほうが、彼らしい感じがします。

篠田　結構、本音を聞いたなと思いました。

――彼のキリスト教観というのは、西洋ではわりとコントラバーシャルで、いろいろ議論を呼ぶところなのです。

篠田　呼んでいるようです。カンヌで《沈黙》が上映されたときに、ジョセフ・ロージー監督が審査委員長だったのです。彼はマッカーシズムの赤狩でブラックリストにあげられたのでヨーロッパに亡命していました。そのとき、審査員の一人に日本の映画評論家が参加していたのです。その人の名前は言えないですけれども、カンヌ映画祭の審査の中で、グランプリは《サイレンス》だと外の審査員が言ってきました。そうしたら、ジョセフ・ロージーは、「これは思想を曲げた男の物語ではないか。私は、それを曲げなかったために、このカンヌにいる」と言ったそうです。「だから、この映画は、私の立場からは受け入れることはできない」ということで、「篠田さん、残念だったんですよ」と言っていました。

――これは、今度、実はマーティン・スコセッシが……。

篠田　再映画化します。

――コンタクトは当然ありましたか。

篠田　あります。彼は《沈黙》以前の《乾いた花》や《夜叉が池》など観てますから。いろいろ相談があって、日本でロケハンするので、僕のスタッフをつけて、ずっと見てきたのです。そうしたら、日本では撮れませんと。

――台湾ですか。

篠田　そうです。製作が何度も延期になったため、プロデューサーたる人に、契約不履行で告訴されたこともあったようです。

――いろいろトラブルがあったみたいですね。

篠田　去年、会ったときに、「ギャング映画を撮るというと、すぐ金が集まるけれども、キリスト教というと、みんな逃げちゃう」と嘆いていましたから。

――だから、どんな形で描くのか、だいぶ、篠田監督がお撮りになった形とは違ったものになるのでしょうか。

篠田　彼は、僕の《沈黙》は見ないと言っていました。

――多分、僕の勝手な予想ですけれども、キリスト教圏において、信仰を捨てるということは、なかなか描くのが難しいのではないのかなという気はするのです。

篠田　今のイスラム教と同じで、一九七一年でしたが、カンヌへ行ったときの記者会見で、紛れ込んできた客みたいなのが、「篠田は何でこんな映画をつくるんだ」と、僕が、かろうじて聞き取ったフランス語でしたけれども、カトリックからものすごく非難を浴びたのです。

日本の中にあるエキゾチシズムを監督する

――《心中天網島》の場合は、英語でいう、"double suicide"といって、二重の自殺ですよね。

篠田　心中という言葉がないのです、英語に。ドナルド・リチーがつけてくれました。

――"double suicide"という拍子抜けするような表現なのですけれども、これはキリスト教、特にカトリックの世界では、絶対に自殺は認められていません。それが、男と女がこういう形でというのは、絶対駄目なもので、葬式もあげてもらえないというところが、そういう世界なわけですよね。その心中というテーマの中に、人間の義理人情の世界を描き出すのは、キリスト教圏の、特に欧米というマーケットを意識した場合には、その描き方というか、訴え方というのは、非常に難しいのではないかと思うのです。そういう日本人の死生観というのですか、死ぬことによって愛を成就するとか、そういうものは、非常に彼らは理解しがたいと思うのですけれども、非常に映画自体は評価しています。それは、最初におっしゃったエキゾチシズムといったところなのでしょうか。

篠田　ようやく、ルネッサンスで偶像としてのイエスを、人間そのものであろうとしました。ダ・ヴィンチもそれをやったわけですから、「岩窟の聖母」や「最期の晩餐」なんかで。だから、あれは第一次の文芸復興で、今になって、二十世紀になって出てきたのではないですか。キリスト教とも相対化しますと、キリスト教者も。

ジョン・レノンは「イマジン」で歌っています。「天国なんかない、と想像してごらん」と。しかし、二〇〇四年の、アメリカの「ニューズウィーク」の電子版でアメリカ人にマリアの処女懐胎を信ずるか信じないかというアンケートを取ったら、79％のアメリカ人が信ずると答えました。天照大神は存在するかしないかと日本人にアンケートを取ったら、同じような返事が来るかもしれません。だから、今後、フランスの新聞社の風刺漫画が、アマテラスがスサノオに暴行されている光景を映したら、日本人はどうするのですかと……。

――襲撃しに行きますかね……。

篠田　宗教的な問題は、一番描いていて厄介です。だから、遠藤が文学として書かなかったら、あそこまで日本の土俗信仰とキリスト教という異体系との出会いを、客観的に自覚できる機会は生まれなかったと思う。それは、映画作家としても逃げるわけにはいかないと思ったのです。だって、ほかに誰かやる人がいるかというと、いないわけです。だから、キリスト教をマルキシズムと並べて考えるというのは……。

僕は一九六四年にソビエトへ行きました。映画作家同盟の招待で行ったのですけれども、ノーメンクラトゥーラ（特権階級）が出ていて、作家同盟のエリートたちは、みんなディオールのネクタイとかスイス製時計をしているのです。アテンドしてくれた秘書の女性のハンドバッグのジッパーが壊れかかっていました。一般の民衆は、ほとんど民需の恩恵が共産主義社会にはないというのを目の当たりにしたのです。だから、マルキシズムに対する幻想なんていうのは、その情況で木っ端みじんに打ち砕かれました。

僕は、日本のインテリゲンチャが、どうして毛沢東の文化大革命が終わるまで共産主義社会の劣悪さがわからなかったのかというのが信じられません。文化大革命の終結は一九七七年ですから、一九六〇年代末から一九七〇年代にかけて「プラハの春」を体験した共産主義に対する絶望は、ヨーロッパの知識人では当たり前でしたけれども、日本は、まだ七〇年安保をやっていました。浅間山荘事件に代表される武闘の時代でした。

――今、数多い監督の作品の中で、いくつか触れてきたのですけれども、そういう作品を見ていると、やはり世界の中の日本人のアイデンティティみたいなものを僕らなんかは考えさせられます。近松にしてもそうです。先ほどもおっしゃったように、すぐ日本人は海外から客が来ると、歌舞伎でも見せに行こうかとか言います。

篠田　フジヤマ、ゲイシャに行きますかと……。

――多くの日本人は普段、歌舞伎を見に行きません。学生に聞いても、歌舞伎を見たことのある人と言ったら、ちらほらといるけれども、それは高校で強制的に課外授業か何かで連れて行かれて見ただけなのです。

篠田　歌舞伎教室ですね。

――そうです。だから、好きで、自分から……。

篠田　日本を見ようということではないのですね。

――それはないけれども、対外国ということになってくると、歌舞伎や文楽に行って、あくびをしながら付き合っている、そういうところにも見えると思います。この『日本語の語法で撮りたい』の中にも詳しくお書きになっていますけれども、監督の作品を見ていて、僕らはそれこそ日本探しですよね、日本探求というのですか。改めて、今回も再度、ＤＶＤで見たものとかも含めて、それを感じるのです。だから、日本人の価値観とか、アイデンティティみたいな……。アイデンティティ自体が日本語の言葉になかったわけで、仕方なく明治以降、翻訳語がないので、アイデンティティとしか言いようがないわけです。
篠田　戦後、「主体性」という言葉は流行しましたけれども「主体性」では、意味が拡散してしまうのです。
――ちょっと違いますね。
篠田　言語の持っている抽象性で、バラバラになってしまうのです。アイデンティティというと、吸引力が出てくるのです、その言語の体系が生み出す力が……日本文化の体系にはなかった……。
――だから、我々は、そういうアイデンティティの危機みたいなものに直面してこなかったということになるわけですね。しかし、これからの時代は、それは非常に問われるところで、監督の作品を見ていると、これは今こそ見なければいけないなということを、僕らは非常に感じたのです。そういうことを当然意識されて、映画を撮ってこられたのでしょうか。それとも偶然なのでしょうか。
篠田　一番の動機は、日本は興味深々だと思ったことです。満州事変から十五年戦争で三〇〇万人が死んで、そのうちの半分が餓死しているのです。これは戦争というよりアマテラス＝現人神の殉教者の群れで、理性的にはノーベル賞をこれだけ取れるような科学研究者を輩出して、アジアの中でも突出した知識人社会を構築していながら、三〇〇万人という戦争犠牲者を出しました。東日本大震災で、二万人で大騒ぎしている前に自ら仕掛けた戦争で死んだのです。

今度、天皇、皇后がペリリュー島に行きますけれども、当今はペリリュー島でどんな戦争をしたのかを知っている最後の世代なのです。パナマ諸島の中にペリリュー島はありますが、僕ら昭和ヒトケタ世代は、玉砕地というと、アッツ島とペリリュー島だったのです。それと、レイテ島の悲惨な戦争です。これは、兵卒大岡昇平という証人がいて、文学になったわけです。フィリピンでの戦いで五十万余の戦死者を出していますが。だから、私にとって、日本人、国というのは、どんな災難が来ても、すぐ忘れてしまう民族だと思っています。

例えば、神戸で阪神・淡路大震災があり、生田神社が壊れました。みんな、あそこで地鎮祭やってもらっていたのではないかと思いました。それを再建せずにはいられないのです。あその鳥居も倒れました。それなのに神の不在を論じないのです。

——神は守ってくれなかったわけですから。

篠田　神は守ってくれなかったのです。神は沈黙するのです。「サイレンス」。

——それは、監督がお書きになったのを読んでいて、確かにそうだなと思って、ちょっと苦笑いしていたのです。

篠田　だから、日本人はこの島から逃れようがないので、ガラパゴス諸島のイグアナと同じだと思うのです。「クニ」の構成員でありながら一種、島民化しているのです。この島民化してしまうのを、西洋的に言うと、“ignorant”に見えるし、もう一つは、飼育できる、養いやすい動物にも見えます。ところが、一旦、彼らのタブーに触れたら、狂気のように三〇〇万人のいけにえを出します。

――この本の中で、「身を捨つるほどの祖国はないけれども、かけがえのない日本があるだろう」という一行がとてもいいなと思って、線を引いたのです。

篠田　寺山修司が作った「祖国喪失」と題する歌群の中の一首です。

マッチ擦るつかのま海に霧ふかし　身捨つるほどの祖国はありや

僕は日本語という言語は、アジアの中で孤立した言語だと思います。ドイツ語と英語が兄弟関係にあるとか、ラテン語系がフランス語とイタリア語の祖型であるといわれていますが、初めてイタリアへ行ってローマのアッピア街道を見たときに見た、アッピア街道の「松」が、レスピーギが作曲しましたけれども、三保の松原の「松」とまるで違うのです。メキシコや何かにあるサボテンみたいな松なのです。能の「羽衣」で謡われる松とは全く違ったのです。そうすると、我々は、富士山や三保の松原の光景を日本と思っていて、それを当たり前だと思っているけれども、フランス語や英語やドイツ語を聞くとエキゾチックに感ずるように、日本語もすごくエキゾチックなものではないでしょうか。

だから、日本人としてのアイデンティティというよりも、表現者に求められるのは、日本において日本を客観的に見られる場所探しなのです。そこは同時にフランス語を客観的に聞ける場所、フランス文学を客観的に読める場所なのです。翻訳されて記述されて日本語を理解するまでの間合、モラトリアムがあるわけです。翻訳文学には、一種のそういうモラトリアムがあることで自他が自覚できる。映画監督は、カメラを持ったときから、日本は被写体になるのです。それを眺める自分の存在も自覚する。

——まさにカメラの目ですから、引いて、等間隔で見ていくのですね。

篠田　小津安二郎の助監督をやっているとき、小津はカメラを腹ばいになってのぞいている。ローアングルですから、寝そべって見ているのです。寝そべった神様が見ている目かと思ったのです。

——同じこの本の中で、監督が日本のアイデンティティを考えるときに、結局、風土とか情念というところで、アニミズムのほうにいかなければならないのではないかというところがあるのですけれども、それも日本人独特のものだと思われますか。

篠田　日本人の感性に絶対他者の感性はありません。だから、具体性がありません。天照大神の肖像画をつくりますか。

——つくらないです。

篠田　イラストで神武天皇を書いても、これは神武天皇ですなんていう信仰は絶対に生まれてきません。実は、偶像崇拝をしているようで様式が伝承されるだけで、生きた偶像が不在なのです、日本には。だから、彫刻が下手くそなのです。彫刻がすごかったのは、阿修羅像の白鳳期だけ、あの時期だけです。あの時期だけ、突然日本人はリアリズムに目覚めたのです。日本人の顔を仏の顔にしたので、十六世紀のルネサンスとよく似ています。天武・持統の飛鳥朝の七世紀後半から八世紀前半にかけては、微かに日本のリアリズムへの起動がありました。その一方で視ることのできない天照大神の祭祀が本格化したのではないですか。コトバで発音していた、あるいは祈っていた神の名が、漢字で書かれたことで現前したのではないでしょうか。そして伊勢神宮には天照大神は祀られているけれど、その尊像は存在しません。

例えば、ノートルダム寺院を見て、立派な寺院だなと日本人は思うけれども、カトリックにしてみれば、無限の天国へ届こうとする意志です。その意志の彼方に天国を見るわけですから、日本人には見えないでしょう、その天国は。

――それは見えないです。違った部分しか見えないです。

篠田　ケルンの大聖堂でも見えないです。

崩壊する日本の視覚化

――日本人と異文化との触れ合いというテーマでいくと、森鴎外の「舞姫」もお撮りになっていますよね。郷ひろみさんが主演していました。もう一つ、どうしても気になるのが、水上勉の『はなれ瞽女おりん』です。あれを映画にされていますけれども、舞台で有馬稲子さんが主演されたのを、昔、俳優座劇場かどこかで見たことがあって、すごく印象的なのですが。独特の日本的要素というものが、あの世界には含まれていると思うのですけれども、監督が、あの作品の中で最終的に描きたいと思われたのは、日本人というのか、日本の神髄というのか、さっきもアイデンティティという言葉を使いましたが、そういうものを意識されて、水上の作品を映画化されたのでしょうか。あるいは全く違った……。

篠田　瞽女さんや脱走兵の主人公たちは、日本人の典型ではないのです。

――典型ではないですね。

篠田　だから、僕があの映画で一番やりたかったのは、機関車が走るのを見ることができない盲目の三味線を抱えている旅芸人が、通り過ぎるまで佇立している光景を撮ることだった。どこかで新しい文明が、古い文化を轢断していく光景だと思うのです。《はなれ瞽女おりん》は、日本が、外国にではなくて、近代文明で自己崩壊していく光景を描いたのです。蒸気機関車の鉄の塊を使ってイネの文化をエクスプロージョンしたのです。

――確かにそうですね。

篠田　崩壊することによって見えてくる日本というものがあります。そうすると、建設途上の日本は崩壊しないから。上昇するグローバリゼーションの渦の中に巻き込まれているわけで、上昇が到達点に届くと、様々な姿で落下、崩壊するわけです。トルストイの『アンナ・カレーニナ』ではないですけれども、幸福な家庭は一様に幸福ですが、不幸な家庭はそれぞれに不幸の形態を持っています。だから、日本を見るときにも、日本の中の何がなくなっているのか、何が喪失しているのかと考えます。喪失ということは、存在することの重さと裏表になっているのです。

――表裏一体ですね。

篠田　だから、日本に存在したものがなくなります。瞽女唄が完全に消えてなくなります。シンガーミシンが消えます。それをどんなに真似しても、もう瞽女唄の本質は得られません。

しかし、バリ島のケチャ、あれは、ドイツ人がつくったものです。あれは、ハイブリッドなのです。バリ島で伝承されてきたものすごく古い土俗の舞踊と、男声合唱による複雑なリズム形態の音楽によって舞踊劇に組み直したのは、二十世紀のドイツ人です。バリ島の伝統音楽であるガムランの音色を捨てたのです。西洋とアジアが出会って新しい生命を誕生させたのです。

島国の日本人も、日本という様式をつくりあげました。歌舞伎にしても、浄瑠璃にしても、西洋における芸術運動とそのフォルムと様式は異なるけれども、ハイブリッドの原理性は共通しているところがあります。だから、ヴィンセント・ファン・ゴッホが、広重や北斎と共通しているものを見ると、セザンヌだって同じように見ていきます。浮世絵は西洋絵画から遠近法や影を描くことを学び、西洋絵画の画家たちは夜でも明るい浮世絵の光景の魅力を会得しました。

また、プリンティングマターである浮世絵が、個人芸でない出版物であることから、西洋美術史に大きな影響を与えているのです。歌麿とか北斎といっているけれども、絵師だけで浮世絵は成り立たなくて、彫り師、刷り師の技術がなければ、浮世絵というものは成り立ちません。多分、肉筆画で描いた北斎、歌麿の絵は、美術品としての価値はあるかもしれないけれども、美術の芸術運動としては、狩野派の物真似でしかない、そういう類型の中に閉じ込められていたと思います。これは江戸という都市に住んだ市民という独特の集合体が生んだ芸術です。浮世絵を世に送り出した市民の技術組織は、トヨタ・日産・ホンダらの自動車になっていると思います。一万個にも及ぶパーツをアッセンブリーする技術で美しく性能の素晴らしい……。

――それもあって、《写楽》も撮られたのですか。

篠田　はい。日本人は、ある特別な個性を生かすためのシステムを持っているけれども、西洋では、ゴッホのような個性はピストル自殺をしています（異説あり）。

――先ほどの《はなれ瞽女おりん》の世界を見ていますと、監督が撮影のときに苦労されたというのは書いてありましたけれども、まさにその光景が見えてくるのです。その光景の中、ちょっとこっちに行くと、もう工場から煙が出ていて、こっちの道路はトラックが走っているという、そのコントラストがすごく見えてくるのです。そこに、我々は、こういうものを全部、失ってしまうのかという、悲壮感みたいなものが漂ってきて、そういう意味で、日本的なものが失われています。監督は、「活断層」という表現をされていました。

篠田　そうです、一九四五年夏です。

――これは戦前の日本と、ジャズに代表されるアメリカ文化が一気に入ってくる戦後の日本を分けるのにぴったりの言葉ですね。僕らはアメリカのポップスを聞いて、アメリカの小説を読んで、アメリカの映画を見て育ってきて、あるとき、ふと自分は一体どこに向かっているのか、アメリカ文学、外国文学を研究することは、我々日本人にとって何なのでしょうかみたいなことに、あるとき一度はぶつかるのです。

篠田　僕は、その問題は、日本が国家という共同体を放棄したからだと思うのです。経済の集合体だけでいい、宗教はそれぞれに任せるということだと思います。

――共同体をなくしましたね。

篠田　だから、現代日本には国家がないのです。憲法九条は、国家を放棄しました。二度とペリリュー島のような抵抗はしません、殉教はしませんと。だから、人間を殺してみたいという女子学生が出てきました。

――本当に信じられないです。

篠田　ものすごく個別的で、根源的な暴力しか残らないわけです。ある意味では、原始的な暴力性が残っています。本来、暴力は、国家があれば、国家に吸収されて、戦争など、ちゃんと暴力を使わせてくれる場所が提供されてきたわけです。

今度の人質事件（二〇一五年二月、北部シリアで日本人二人拉致。ＩＳＩＬに公開処刑）でも、国家意識、ナショナリズムへの衝動が日本人の中に起きていたのではないですか。早くシリアに行って爆撃に参加しろとか言っている人がいたでしょう。ナショナリズムへのドライブがかかってくると思います。しかし現代日本では、僕はその力は弱々しいと思う。身捨つるほどの祖国はありや……。

芸術とプロパガンダ

――やはり敗戦ということは、監督の中で非常に大きいものであったと思いますし、その観点から、《瀬戸内少年野球団》、ここにアメリカ文化が入ってきます。あの映画は、僕は非常に楽しんで見せていただいたのですけれども、阪神・淡路大震災で淡路は被害を受けたわけで、まさに活断層映画ですよね、あれは。だから、あれの中で、価値観の大転換期に、淡路島という舞台で、そこにアメリカ文化が、ジャズが入ってきて、まさに日本はジャズに負けたのだと講演でおっしゃっていましたけれども、そのあたりのところをもう少し聞かせていただけますか。

篠田　グレン・ミラー楽団のサウンドを聴いたのは、中学三年の夏でした。岐阜の町も燃えていまして、久しぶりに焼け跡へ行ったのです。学校は、まだ、なかなか再開できなかったのです。そうしたら、空襲前にいつも買っていたレコード屋さんが、スピーカーで新しいレコードの音楽を出しているのです。今、思いだしたのは、「ムーンライト・セレナーデ」です。最初に、「ムーンライト・セレナーデ」と「暁のセレナーデ」というのがシングル盤で出ていたのです。店にこれはどんな楽器ですかと聞いたのです。一つの楽器だと思ったのです。木管と金管がユニゾンでバーンと音を出しているわけですから、これには驚きました。そして、グレン・ミラー楽団の映画を、一九五三年のハリウッド映画ですけれども、ジェームズ・ステュアートが演じました。アメリカは、こんなスイングで戦争をやっていやがったのかと思いました。こっちは、特攻隊と戦艦大和で戦争をやっていました。僕は、戦争に負けたのはいいとしても、この音楽に負けたことに衝撃を受けました。文化的に、我々がいかに貧弱なコードしか持っていなかったかということで痛撃されたと思いました。軍歌のメロディーしかない、斉唱の旋律しかなかったのです。斉唱の旋律しかなかったのに、向こうは豊かなハーモニーとコード進行でスイングしながら戦争をしていたのです。

――その視点は、まさにそのとおりですね。

篠田　だから、ナショナリズムというのは、シングルトーンになってしまうのです。だから、シュプレヒコールに対する、ものすごい嫌悪感があるのです、僕は。デモなんか、絶対参加したくないと思いました。人間が一つの言葉で合わせるなんていうのは、許し難いと思いました。だから、僕はグレン・ミラー楽団を聴いたとき、ものすごく心を奪われたというか、耳を奪われたと同時に、ものすごいカルチャーギャップを味わったわけです。それは憎悪を全然伴わないのです。戦争だと憎悪を伴うわけです。文化に打ち倒されるというのは、どこか心地よいわけです。

――わかります。スッと受け入れることができますよね、心地よく。

篠田　とても心地いいものがあります。芸術というのは、敵意を抱くものではありません。プロパガンダのセリフなんてことは、敵意を抱くだけです。

例えば、藤田嗣治の「アッツ島玉砕」という戦争中の絵画がありますけれども、これは戦意高揚絵画と言われて見ました。今見ると、悲痛な時間が迫っている絵に見えるのです。反米なんかどこにもありません。これだけの悲劇を描いた画は日本の美術史にはありません。どうしても、戦前の世界から離脱して、アメリカかぶれにはなれません、ブレーキが僕の場合はかかったわけです。何故日本は、こんな超国家主義の体制になったのかということで、僕は戦後、Uターンしたのです。周辺では、フルブライト基金でアメリカに行くという考え方ですけれども、日本を研究しようと思いました。

そのきっかけになったのは、歌舞伎を見たからです。「心中天網島」を、名古屋の焼け野原にできた歌舞伎小屋に、母親に連れられて見たのです。その心中するための旅装が花道に現れると晴れ着姿に突然変わっていて、特攻隊が白いマフラーを巻いて飛び立つのと同じかと思いました。日本人の死を賛美するという原理が歌舞伎のなかにもあると気づき、それが天照大神までつながっているということが、僕にとっての戦後のどんな哲学よりも、一番重大な問題になっています。

——今年で戦後七〇年になるわけですが、半世紀ちょっとで、長い歴史から見ると、戦前までの日本とアジア、特に中国との関係は、文化的にも非常に密接なものがあったにもかかわらず、このジャズが入ってくることによって、言葉は悪いですけれども、いっきにアメリカのほうに寝返った日本のこの七〇年間というのは、仕方がなかったのかもしれませんが、これでよかったのでしょうか。

篠田　その時代の思想というのは、マルクスの言葉を借りれば、支配者の思想です。支配、被支配という関係からいけば、日本はアメリカに支配されたからアメリカ文化になりました。日本が日本独自の思想とも呼べる皇国史観の文化であったのは、戦争時代だけの短い時間なのです。大正時代は、大正デモクラシーと言っているけれども、ジャズ、モダンボーイ、モダンガールが出ていた時代です。明治の日露戦争の時すでに与謝野晶子ではないけれども、「君死にたもうことなかれ」ですから、個人主義思想もいいところなのです。大町桂月がものすごく非難したわけです。

問題のナショナリズムは、明治天皇が伊勢神宮に親拝したことがきっかけです。それまで、天皇は伊勢へ行けなかったのです。斎宮という皇女が祭祀する制度が厳守されていて、天皇はお参りに行ってはいけないのです。明治二年、明治天皇は東京遷都で東海道を降りる途中、伊勢神宮を親拝しました。持統天皇以来、千百年余が経っていました。今度の論文で、それを書きます。

――それは知らなかったです。

篠田　どうして、そんな神学が生まれたのかというのを書きます。内外宮には一般人は奉幣禁止です。伊勢神宮には賽銭箱はありません。要するに、天皇家が衰微して、伊勢神宮の祭祀を支えるお金がなくなったので、権力者の源頼朝あるいは徳川家康によって祭祀のための儀礼が復活したのです。徳川家康になると、宇治山田に奉行を置いてくれて、神域の警護が維持できました。

その間、天皇は何をやっていたのでしょうか。伊勢神宮というのは、実は天皇家だけの神宮で、もっというと、七世紀の天武天皇から皇位を継いだ持統女帝の神宮でした。持統女帝には、皇位を継げる直系は孫の珂瑠皇子《カルノミコ》しかいません。皇子を天皇にするまでは死ぬに死ねないというので、皇位継承を原理化するために大宝律令をつくったのです。天皇家は天皇家の血統しか皇位を継げません。その天皇家の皇祖は天照大神です。その神の皇孫だけが天皇になれるのです。持統女帝が天照大神になるのです。だから、伊勢へ行って、天照大神の霊を浴びて、一体化したのでは、と推量する学説まで生まれました。

以来、天皇は伊勢神宮に行幸し、親拝した記録はありません。その間、神聖な皇統を継承する天皇即位式の儀礼は律令制度に基づくものでした。それに対して、皇位継承の本当の儀式は、天皇即位直後の大嘗祭の祭祀では、死去した天皇から新たに天皇に天皇霊が憑依するという神学を立論したのは古代民俗学の折口信夫です。大嘗祭はその年に収穫された穀物を新たに即位した天皇が皇祖天照大神や天神地祇に献ずる儀式とされてきたが、折口の学説以来、祭場の設営配置の特別なことから、天皇霊が降霊する儀式が執行されるとするのが学界の定説です。宮内庁は否定しています。

文学の危機と映画の危機

――《スパイ・ゾルゲ》以降、監督は、もう監督をおやりにならないということで、執筆活動をされていると思うのですが、いろいろ監督の作品を読ませていただいて、作品も見て、我々でいろいろ話して、もしかしたら、今の日本文学の中で撮りたいと思うものがなくなってしまったのかな、小説とか、そういったもので撮りたいものがなくなった時期でもあったのかなと考えてしまったのですけれども、それはいかがですか。

篠田　ありませんね。でもそれは世界中に言えることではないですか。

――日本だけではなく……。

篠田　カミュ、サルトル以降、フランスに誰かいますか。

――そういう意味ですか。

篠田　評論では、なかなかいいものが生まれてきているけれども、小説で現実や世界にアプローチするよりも、情報伝達の技術が発達したネットワークのほうが早く手に入ります。これは映像による、テレビやＰＣの故だと言ってしまえばいいのですけれども、これらのジャンルが、ほとんど文学を阻害していると思うのです。その証拠に、ハリウッド映画が、もう日本人の心をつかみきれません。もっと自分たちの私小説的なテレビのほうが、密着度が、シンセリティーが格段に増えてきてしまっています。もうグローバリゼーションと言えるような、グローバルなものもなくなってきつつあって、自分の足元の周辺に、グローバル以上にいろいろな世界が見えてきました。体験もできます。疑似体験なら、もっといっぱいあります。

――インターネットの世界で、全部つながっていますからね。

篠田　もはや小説に書いてもらう必要がないのではないですか。毎日、文学しています。だから、映画と文学という命題が文学から発せられたのは、文学自身の危機だと思うのです。そして、映画も危機に陥っているのです。テレビ資本と結託した映画しかマーケットに乗らなくなり、あとはプライベートフィルムの乱立状態になってしまったからね。二千万画素のスマホで劇映画を撮る時代になっています。

でも、その一方で新しい現代の神話が作られています。アニメです。アニメに登場するキャラクターは、高天原の神々のように身も心も無重力です。どこへでも飛んでいけます。彼らが現代神話の担い手になって物語を生み出すのです。私は戦争でアメリカの重力を嫌という程、味わったので、無重力の物語には関われないのです。

（聞き手：宮脇俊文、挾本佳代　二〇一五年一月二十八日）

XI

山田太一（脚本家）インタビュー

原作を翻案する脚本家という難しい役割

《少年時代》（小学館）
《異人たちの夏》（松竹）

《少年時代》と自分の「根っこの部分」

――文学作品が映画化されるケースは非常に多いにもかかわらず、どういう形で翻案がなされ、原作と映画でどのような違いがあるのかという点を分析した本が、たとえばアメリカなどと比較すると、日本では意外に少ないのが現状です。我々としては、脚本を書かれる方の立場のお話も、ぜひ伺いたいということを篠田監督にご相談をいたしましたら、山田太一さんのお名前をいただきました。

山田　《少年時代》は、先輩の篠田（正浩）さんと藤子（不二雄Ⓐ）さんでやろうと言われて断わることができず、脚色をしないという自分の勝手な禁を唯一破ってやったものです。藤子さんと僕が同じ歳で、二人に疎開体験があったことが大きかったです。柏原兵三さんの原作も使いたかったのですが、原作を読んでいるうちに、これは、自分の「根っこの部分」にもあることだなという気持ちになったんです。だから、あれは、とても気持ちよく書けました。もちろん、原作を尊重しましたし、藤子さんのお仕事もとても役に立ちました。

意図的に僕の狙いを含めたものもあります。たとえば会話です。映画の中での会話は、小説の中でのものとは違いますから、脚色する上では変えなければなりません。深い理由はないのですが、人にはそれぞれ、しゃべりやすくて、それでいて、ある時代を背負っているという自分のテンポがあるんですよね。だから、会話はどうしても、やはり自分の中にあるものになってしまう。だから、僕が脚色の弁を語るには、ちょっと向いてないといえば向いてないんですが（笑）。

――このお話があったときに、柏原さんの『長い道』と、藤子さんの漫画では、どちらを先にご覧になったんですか。

山田　細かいことは忘れてしまいましたが、最初は漫画を見たんだと思いますよ。藤子さんが手渡してきましたから。そのあとで『長い道』を読んで、これはいけると考えたのだと思います。

――もうずいぶん、前になりますから。

山田　やはり表現というものは、出来上がった作品がそれを作ったその人個人とはまったく関係がないようでいても、その人の何かを根にしたものでないと、いい作品はできないのだと思います。作品のどこかに自分を表現する。自分の内部の何かを「半溜め」と言ってもいいのでしょうか、そういう種類のものがないと、仕事はなかなか上手くはいかないですね。たとえば「ふぞろいの林檎たち」にしても、僕とあいつらのどこが似てんだよって言われてしまうかもしれませんが、でも全員、僕だとも言えるというところがありますね。

技術がついてこられれば、人が書いた小説もそれなりに脚色することはできます。けれど、原作の『長い道』を読んで、これは半分自分のことだと思えたんです。それは大切なんです。自分の中にも事実の体験として存在していたと、不思議なくらいに感じたんです。

疎開体験の反映

――やはり山田さんの場合、疎開体験が大きかったのですね。

山田　そうですね。

――それがもしなかったならば、思い入れはそれほどなかったかもしれませんか。

山田　ちょっと書けなかったかもしれませんね。

――ただ原作を読むと、原作はススムという名前でしたが、タケシというガキ大将とシンジの関係が、原作では最後の方でちょっと薄れていくような感じがしました。見送りに駅にちらっと来たかのようには描いてあるのですが、どうもはっきりしない。後日、手紙がシンジのもとに来て、「実は見送り行ったけど、間に合わなかった。写真を送る。また会おう」とさりげなく終わってしまう。それが映画では、写真が最後のところに井上陽水の歌と上手くかぶって、セピアカラーの二人で撮った写真がパッと出てくる。一枚の写真の重みのようなものを、映画を観て本当に感じました。あのエンディングの辺り、漫画と原作では微妙に違っているわけですが、どういう形で描こうと思われたのですか。

山田　疎開の中で、タケシと他の子たちとの闘争のような話はあまり書かれていない世界だったと思ったんですね。自分も疎開をしましたし、いじめもある部分ではありましたけれど。僕の場合には、浅草から湯河原というあたり一面の温泉場であると同時に別荘地でもある比較的近いところへ疎開したんです。僕が行ったときは、それほどではありませんでしたが、そのあとにドーッと疎開者の家族が疎開して来たんですよ。東京で空襲にあったりして。つまり、疎開者の人数が多くなったということで、それもあって、いじめが一人に集中しなかったのです。

――集団疎開と縁故疎開の違いですね。

山田　集団疎開っていうのは、ある学校単位で、旅館を借りて、その小学校の生徒が全員、そこに入るというようなもので、当時もそれはそれであったんですよ。しかし、僕は、それはほとんど書けなかったですね。中には、喧嘩をした人もいるだろうけど。

――映画を観ていまして、ジャン・コクトーの『恐るべき子供たち』に、どこか似ているなという感じがしました。もちろん筋は全然違うのですが、イメージとして。まだほんの少年に過ぎない子供たちなのだけれども、もう大人の政治の世界というか、そういうものをすっかり実践しているような感じがして。

山田　その部分は、もう意識的に権力闘争のメタファーとして書こうと思いました。

――やはりそうですか。

山田　僕が面白いと思ったのは、タケシとシンジが、プライベートに二人の時とそうでない時とで付き合い方が違ってしまうということ。それをくっきりさせようと思ってね。二人で逃げて、写真館で写真を撮って、つまり対シンジ個人だとタケシは親切にするんですよ。人間関係が権力の話だけだと、割合わかりやすくなりますが、僕はもっと複雑だと思っているんですよ。僕も疎開して行って、土地の子供たちと同級生となると、そういう複雑な気持ちを向こうから感じることはありましたから。そういう風に二人を描いたのは、僕のポイントだと思っています。

――異分子が、突然平和なところに……。

山田　そうそう来るわけ。

――全く違う異分子が入りこんで来ることによって、それへの興味と反感みたいな、そんな気持ちが入り乱れて、すごく親切にしているかと思うと、今度は逆にいじめてみたりしてと、波がすごくぁりますよね。でも、最終的には、やはりタケシはシンジが好きだったわけで、そこに友情が芽生えたわけです。

山田　ええ、そうです。

――最初読み始めたときは、なんだろうと思ってちょっと戸惑いましたけれどもね。どっちなんだって……。

山田　そういう引き裂かれている複雑な部分を書かないと、童話みたいになってしまう危険性もあったので。童話は言い過ぎかもしれませんが、少年少女物語みたいなテーマになってしまうなと思いました。疎開者の中でも、僕は大阪のほうから来たミナコのような存在も、とても面白いと思いました。したたかな女の人ってのは、この世にいっぱいいるけど少女にもね。

――写真館で二人が時間を潰している間に、クラシックのレコードを聞いてるという、ああいう設定は原作にはもちろんないと思いますが、それはあえて描いたのですか。

山田　そうですね。
――時代の雰囲気を。
山田　多分、そうだと思うんですけど。監督は勝手に脚本をいじくったりしませんでしたから（笑）。

脚本は脚本家のもの

――その辺をお伺いしたかったんですけど、脚本をお書きになっても、監督が撮るときに変えてしまうケースがあるとは聞きますが。
山田　変えてしまうケースが初期の頃にはあったんですね。それで僕はものすごく腹が立って、抗議したんだけど、まだ駆け出しの頃だったから無視されました。全然そんなこと聞こえないみたいな対応で。その監督はその後いろいろ撮っていらっしゃるけれども、僕はその監督とは二度とやらない、と。初心忘れるべからずで、その人とは二度と仕事をしていません。そういう風にして、自分を防御してきました。役者が何か言ったからこう直そうとか、監督がこう思ったから直そうということが、ごく普通の当たり前のように行われていたのを、僕は松竹の大船撮影所にいた時にたくさん見て来ました。毎朝、撮る前に監督が、その日の脚本に手を入れたものを持ってきて、あの頃はコピーってありませんでしたから、助監督が写して、俳優さんに渡して。それは1、2ページのものだったから、すぐできたんですけれど。時には監督が朝、書き終わらなくて、みんなで待っていたこともありますよ。その日、撮るのをね。それが普通に行われていました。

僕は映画のことを何も知らず、そういうところに助監督で入れてくれたから入ってしまったところがあって、その風潮が当たり前だと思ってたのね。でも、今から考えてみてもそれでは脚本家はたまらなかっただろうな、と。ものによっては、半年もかけて書いてる人もいるわけですから。それを毎回、毎日、号外と称して、書き直していた監督もいたんですよ。僕は、その下の助監督でしたから、そういうものだろうとは思っていましたが、自分がそうなった時のショックときたら……。それは、僕の一番底辺にあるこだわりです。しかし、それは必ずしもいいことではないかもしれません。監督が撮る時にその場で「ここのセリフはいらない」とか「ここ足したい」ということは、もしかすると自然なことなのかもわからない。でも、それを許すためには、脚本家は常にそばにいなきゃならない。自分の了解の下で変えるならば。でも、そんなことは実際には不可能です。

僕は個人的には、脚本家が書いたものは、脚本家のものなんだから、手を入れないでくれと言ってきた。もしここのところの言葉が足りないと思ったら、足りないっていう時こそ、演技のチャンス、演出のチャンスじゃないか、言葉ではなく、表現すればいいんだ、といってきた。実際、あるシーンの終わりをちょっと気が利いたことを言って、パッと変えさせたりするのを好きな俳優さんもいるし、監督もいますよ。でも、そんな風に僕はかき回されたくなかったのね。もちろん、僕は一生懸命書いたけど、それが全部正しいなんていうことはありえません。しかし、俳優や監督が脚本のオリジナリティを好き勝手にしていいはずがない。少なくとも僕はそう思ってきました。若い頃からそう訴えてきたのを周りがわかってくれたんです。でもその代わり、小説家が脚本にする苦痛を想像して、脚色はやらないことに決めた。

脚色を止めた理由

山田　昔、成り行きからテレビのライターで食べていくことになった時に、原作の小説があるものを三、四本ほど脚色しました。それで気が付いたのは、小説の脚色とは、他者の発想を疑似的に作り上げる作業だということでした。社会的な扱いとして、原作者の名前は新聞などには出ますが、脚色者の名前はまず出ません。だから、脚色を続けていると、いつまでたってもその立場から抜け出せなくなってしまうと考えたんですよ。もっとも現在は、もっとひどくて、もう当り筋の小説やマンガの原作がないと企画が通らないみたいな時代になってしまっていますが。

その厳しいテレビ業界の中で、「脚色をやるな」なんていうことはあんまり言えませんけれども。でも本当ならば、テレビのプロデューサーたちは「脚色なんてものではなく、お前の書きたいものを書けよ」とライターに言うべきでしょ？　そもそも他のジャンルで成功したものは、そのジャンルだから開花しているものなんです。誰もその作品について、オリジナルに入れ込んでる人はいない。データばっかりを並べて企画に掛かる。それでは書く方もデータみたいなものになってしまいますよね。しかし、毎回毎回それではダメ「主流はオリジナルなのだ」と言い続けて行きたいですね。

――脚色は、人のものを……。

山田　ある意味、自分のものにするために、自分を変えるということですね。でもそれでは、小説を書いた人は、どう思うのだろう。そこまで厳密なこと言わなくてもいいのかもしれないし、いろんなケースがあってもいいとは思うんです。だから、そのところは、本当に限定した私だけのことです。他の人にも守れとは言いません。

バックルの意味

――篠田監督が山田さんの脚本を全部受け入れて、ＯＫということになったのですか。

山田　篠田さんは受け入れてくださいました。ただ、一点彼が変えたのは、最後に、タケシが弟をトイレに連れて行ってる、その間にシンジが帰ってしまうじゃないですか。

――バックル置いて。

山田　あのバックルを置いたというのは、篠田さんの着想です。

――なるほど。

山田　あれはね、そうあるべきです。話の流れとして絶対そうあるべきなのに、僕は気が付かなかった。それを篠田さんは入れてくださって。ただ僕はあのシーンで、タケシのことを呼んで、シンジが帰りますと出て行ったら、トイレのドアを開けてタケシが出てくるじゃないですか。あの時、あのシンジの声がちゃんと聞こえていて、いなくなったのを聞いて出てきたのかどうかが、ちょっとはっきりしないように思ったのね。あそこは、やはりシンジの声が聞こえていて出てこないほうがいいわけですね。でもバックルを置くシーンが素晴らしかった。篠田さんは、他のところにはほとんど脚本に手入れないでいてくれて、あのシーンにだけきらりと自分を出してくださったところを尊敬してます。

――男の子が、友情の印としてのバックルを置いていく。

山田　映画の最初の出だしでバックルの話をしている。ラストはもちろんもうそうあるべきなんですね。でも、だからといって、「みなさん、どうにでもしてください」というふうにはなれない。大体私だって原稿ができたときには周囲の意見を聞くんですよ。そんなに傲慢じゃありません。議論をして、新たに書き直しもしたり、削ったりもします。有無を言わせず渡すわけじゃないんです。

戦争と「根っこの部分」

――少年同士の友情や葛藤がテーマとして一番に挙がるのですが、時代背景として避けられなかったのが戦争だったと思うのですが、戦争はどのように意識して捉えられていたんでしょうか。

山田　あそこの舞台自体には空襲はきっとなかったと思いますけども、富山に爆撃がありました。二、三度あったのかな。彼らの住んでいるところが空襲に合ったならば話は別ですが、そうではなかったのならば空襲自体は脇へ置くべきで、彼らにとっての大問題は戦争中の日本のその土地でどうやって生きていくかということのはずです。私が疎開したところも空襲はしょっちゅうありました。警戒警報っていうサイレンが最初鳴るんです。それからしばらく経つと、空襲警報になるっていうのが日常になってくると、学校行く途中に警戒警報が鳴ると、「やった」とか言っていました。それがすぐ解除になったりとかすると、がっかりしたものです。

――最後のほうで、富山市内ですか、空が赤く染まるシーンがパッと出てきて、戦争はそろそろ終わりだなということをほのめかす描き方でしたね。

山田　巣鴨に母が病気で入院したので、その親戚の家で東京の空襲の日常を経験したことがありました。病院へ見舞いに行った日の夜、空襲がありまして、防空壕が掘ってあって、それでみんな中へ入って、遠くを見たときに、下町の方が真っ赤になっているのを見たのです。だから、あのシーンは、その思い出が少し重なりましたけどね。「こういうふうにみんな見たのかなあ」って。それは原爆だってそういう描写ありますよね。遠くで。

――やっぱり個人の体験の「根っこの部分」が、映画に出てくるんですね。

山田　出てくるんですね。それで、またそういうのを根っこにしないといけないっていう気はするのね。どうしても、「根っこ」にそういうのがないと、一種の普遍的な話みたいなものになってしまって、個人の情念みたいなものが引き込めないような気持もありますね。

映画《異人たちとの夏》を小説家として見ると

――小説家としての山田太一さんが、自分の小説が映像、二時間半の映像になったときの感想というか印象というものはどのようなものなのですか。

山田　最初は違和感ですね、それは、しょうがないですよ。いいも悪いもなくて。

――活字のものが映画になるということだからですか。

山田　小説の場合、かなり読む方が想像、空想、体験というものを動員して読んでいるわけですけれど、役者が決まっていると、もうその役者にどんどんっとイメージが決まっちゃうじゃないですか。自分の『異人たちとの夏』という小説を、僕は脚色している時間がなくて、プロデューサーの事情もあって、市川森一さんに頼んだんです。市川さんは、すごく気を使って、なんとか忠実にやってくださろうと思ったと思うのね。実際、小説の言葉だと割合単純にパッと飛べるところを、映画だともっと書き込まなければならない箇所もあるわけですよ。でも、それは、もし僕が市川さんだとして考えても、書き込めないんですね。

――例えば、どんなシーンですか。

山田　例えば、主人公が初めて両親を訪ねて行って、花札かなんかやっている所でだったかな、「とにかくうちでご飯食べていきな」と言うことになったシーンから、いきなり帰りのタクシーの中のシーンになっちゃうんですよ。それは小説がそうだったら、仕方ないのだけれど。

――途中がないんですね。

山田　そうそうそう。脚本だったら、そこをもう少し膨らました方がいいなとは思ったのね。だけど、やっぱり僕の個人的領域に入るところだから、市川さんは書けなかったんだと思う。例えば、誰か他の作家の話で、何十年かぶりにお父さんとお母さんに会ったというシーンがあったとして、親子が「おう」って言って二言三言交わして、もう帰りの車になってしまったらね……。

——何かどこかで飲んでるシーンとかがほしいですよね。

山田　その間をどうするんだよっていう感じがあるじゃないですか。だから、ああいうものは、脚本の欠点ではないですし、僕が小説に書いてないのだから仕方ない。例えば釣りがうんと好きな人が、親子で釣りしているシーンを書いて、「釣りをしている」と書いてあるしかない場合、それを決まり文句の映像ではない、個人的で印象的な「シーンをつくってくれ」と仮に監督にいわれてもむずかしい。なんか原作と違ってくる。映像にもヘミングウェイじゃないけども、言わないほうがいいっていうのがあるんですね。こういうのは、やはりオリジナルで、自分で書いているならばうまくできるんだけど、人のを脚色するとなるとね。難しいと思う。

大林（宣彦監督）さんもお上手だったし、変なホラーのメイキャップだけは気に入らなかったけれども、よくやってくださったとは思いました。でもね、最初の試写、現像所での試写なんかだとね、原作者として何を言ったらいいか分からなかったな。

——イメージは違って当たり前で、一致するわけないですよね。

山田　そうそう。一致するわけない。だから、そういう違和感には慣れているんですけどね。

——それは、俳優のキャスティングとかも含めてですか。

山田　そうですね。《異人たちとの夏》のときは、風間（杜夫）さんでやってもらったわけですが、本当はもっと年上の五十代の男が主人公の小説なんですよね。だから三十代の両親と落差が面白かった。だけど、風間さんでやると、そこの落差は父親役の（片岡）鶴太郎さんとであんまり違わないから、その面白さには欠ける。だけどつまり小説通りに五十代の主役でこの話を映画にすると、お客は来ないなとすぐ思っちゃうんですよ。風間さんならばその部分も演じることができるし、スターでしたから華がありますよね。若い女と色々できてしまうという部分も風間さんだったらば大丈夫（笑）。

そういう様々な事情は原作者になってみると、よくわかるんですよ。プロデューサーもキャスティングして、僕にも了解を求めてきました。僕もどうぞっと言ったんです。

小説と映画

山田　うんと素朴に考えたって、小説の表現しうる部分と、映像が表現しうる部分というのはくっきり違うし、そして両方に封じ手がありますよね。たとえば、十代の男女の誰々と脚本で書いたとしても、その顔そのものをちゃんと見せることは映画なら簡単に、むしろ見せたくなくても見せることになってしまう。そのような不自由というか、自由のようなものがありますよね。また、人が発声した会話が原則ですが、それでしか映画は表現できませんよね。会話という力テゴリーを広げれば、無言という表現ももちろんありますし、それが映画の中で力を奮っているところもありますけれども。しかし、脚色では、結局、人に言えぬ内面の真実というものはなかなか表現しにくいものです。

バルガス・リョサが書いていたのですが、ヘミングウェイの「殺し屋」という作品がありましたよね。あれは、なぜ殺し屋が来たのかということを、少年がボクサーくずれみたいな奴のアパートへ行って教えるのだけれども、ボクサーは何があったかを全然言わないんですよね。

もちろん、殺し屋も何も言わないし、殺される側のボクサーも何も言わない。ああいうヘミングウェイの短編は、ある意味では非常にシナリオみたいですね。

――そうですね。多分にそういう側面がありますね。

山田　ああいう「言わない芸」というものも映画にはありますね。小説ではあまりないかもしれませんが、それでもリョサが言っていたのは、『日はまた昇る』の主人公は戦争でインポテンツになり、そのことは一切触れてないのだけども、それがわかるようになっている、と。小説でも映画でも、普通はセリフにかなり重きがおかれているわけで、そこにストーリー、アクションが加えられていく。それでも、小説のアクションと映像のアクションとではくっきりと違いますね。もっとも、このように、やたらあるわけではない沈黙の表現というものも、小説と映画両方に共通してありうるものかもしれません。

（聞き手：宮脇俊文、挾本佳代　二〇一五年三月九日）

あとがき

映画と文学との関係についてあれこれ真剣に考え始めたのは、二〇〇七年にミネソタ大学で比較文学を教えていた頃だった。そこで出会い､親しくつき合うようになった台湾出身のリオ・チェン（陳昌仁）は無類の映画好きで、アメリカで学位を取得し、ハリウッドでも映画制作に携わった経験のある男だった。そんな彼との出会いが本書の構想のきっかけとなった。帰国後も彼とやり取りするなか、何かかたちにしてみようということになったのだ。その後、同僚の挾本佳代さんにも加わってもらい、プロジェクトはスタートした。幸運にも成蹊大学から研究助成を得たわれわれは、手探り状態を続けながらも、ようやく本書の刊行にこぎ着けることができた。残念ながら、盟友リオのエッセイの掲載は、諸事情により叶わなかったが、彼の豊富な知識と的確なアドバイスなしには、ここまでたどり着くことはできなかった。まず、彼に心より感謝の気持ちを伝えたい。

試行錯誤を繰り返しながら、でき上がったものを改めて眺めてみると、小説の映画化というのは、まさにタイトルに示したように、「もうひとつの物語」を作り出すことなのだということになる。それがわれわれの一つの結論である。原作とその映画化作品は、同じものでありながら結果的には別のものなのだ。それらは互いに通底するものを有しながらも、それぞれ独立した作品なのだ。映画版を観ることで、原作をよりよく理解することになる場合もあれば、まったく違った解釈を突きつけられる場合もある。繰り返すが、それらはそれぞれ独立した作品なのである。時には頷き、時には首を傾げながらも、原作とそこから生まれたものの二つを楽しむ特権がわれわれには与えられるのだ。

本書の構成に関しては、なかなか当初の計画通りにいかなかった面もあるが、結果的にいろいろな分野の専門家で、しかも映画好きの人たちに寄稿してもらえたことはこの上なく幸運だったと思う。また、篠田正浩氏と山田太一氏のインタビューを掲載できたことも本書にさらなる深みを持たせることができたと感謝している。さらに、篠田氏とのやり取りのなかで、遠藤周作原作の『沈黙』が登場しているが、篠田監督の《沈黙》から半世紀近い時を経て、マーティン・スコセッシ版が先ごろ封切られたことにも、偶然とは言いがたい、何か運命的なものを感じている。篠田版のＤＶＤは現在輸入盤が入手可能となっている。今、この二つの映画を見比べてみることも、文学と映画について考えるいい機会になるのではないかと思っている。

最後に、論集と言うだけで、興味を示してくれない出版社が多いなか、快く出版を引き受けてくださった水曜社の仙道弘生氏と佐藤政実氏には最大の謝辞を送りたい。それはわれわれの文学や映画への「信仰」に与えられた光であった。さらに、編集に関していろいろとアドバイスを下さったフリー編集者の阿部孝嗣氏、本プロジェクトのお世話をして下さった成蹊大学研究助成課の樋口真希さん、そして最後に、もう一人の編者ともいうべき挾本さんに心からお礼を言いたい。

本書によって、一人でも多くの小説・映画ファンが増えてくれることを願って。

二〇一七年二月　吉祥寺にて　宮脇俊文

執筆者プロフィール（掲載順）

宮脇俊文（奥付参照）

挟本佳代（はさもと・かよ）
１９６４年生まれ。津田塾大学卒業後、新潮社に勤務。法政大学大学院社会科学研究科社会学専攻後期博士課程修了。社会学博士（法政大学）。現在、成蹊大学経済学部教授。専門は社会システム論、文化社会学。社会や集団の存続・維持という観点から不可欠な文化について研究している。著書に『社会システム論と自然―スペンサー社会学の現代性』（日本社会学史学会奨励賞受賞、法政大学出版局）、『ＰＲ！―世論操作の社会史』（共訳、法政大学出版局）、『白洲正子―ひたすら確かなものが見たい』（平凡社）など。

田中優子（たなか・ゆうこ）
１９５２年生まれ。法政大学社会学部教授、国際日本学インスティテュート（大学院）教授。２０１２年度より社会学部長。２０１４年度より総長。専門は日本近世文化・アジア比較文化。研究領域は、江戸時代の文学、美術、生活文化。『江戸の想像力』で芸術選奨文部大臣新人賞、『江戸百夢』で芸術選奨文部科学大臣賞・サントリー学芸賞。その他多数の著書がある。２００５年度紫綬褒章。近著に『布のちから』『グローバリゼーションの中の江戸』『鄙への想い』など。

晏 妮（あん・に）
１９５３年生まれ、中国北京出身。日本映画大学特任教授。専門は映画史、映像学。主な著書は単著『戦時日中映画交渉史』（岩波書店、２０１０、芸術選奨文部科学大臣賞）、編著四方田犬彦・晏妮『ポスト満洲 映画論―日中映画往還』（人文書店、２０１０）、共著『男たちの絆、アジア映画―ホモソーシャルなアジア』（平凡社、２００４）、『戦後映画の産業空間―資本・娯楽・興行』（森話社、２０１６）など。

デヴォン・ケーヒル（Devon A. Cahill）
１９７１年ニューヨーク州生まれ。ミネソタ大学ＭＡ（アジア文学・文化・メディア研究）、シートン・ホール大学ＭＡ（アジア研究）取得。戦後日本の都市空間と個人との変化する関係が文学にいかに表象されているかに興味を抱く。２０１５年秋より1年間日本財団特別研究員としてアメリカ・カナダ大学連合日本研究センター（横浜）にて研究。現在、サンタ・バーバラ・シティ・カレッジ、ライティング・センター講師。

金原瑞人（かねはら・みずひと）

1954年岡山市生まれ。法政大学社会学部教授・翻訳家。訳書は児童書、ヤングアダルト小説、一般書、ノンフィクションなど450点以上。訳書に『不思議を売る男』『青空のむこう』『豚の死なない日』『国のない男』『さよならを待つふたりのために』『月と六ペンス』など。エッセイに『サリンジャーにマティーニを教わった』など。日本の古典の翻案に『雨月物語』『東海道四谷怪談』『仮名手本忠臣蔵』など。

井上 里（いのうえ・さと）

1986年生まれ。早稲田大学第一文学部卒業。翻訳家。おもな訳書に『それでも、読書をやめない理由』（柏書房）、『涙のあとは乾く』（講談社）、『わたしはイザベル』（岩波書店）などがある。

池内 了（いけうち・さとる）

1944年兵庫県生まれ、1972年京都大学大学院理学研究科物理学専攻修了、理学博士。名古屋大学等に赴任。現在は、名古屋大学及び総合研究大学院大学名誉教授。専門は宇宙物理学・宇宙論、科学・技術・社会論。著書に、『科学者と戦争』（岩波新書）、『ヒトラーと物理学者たち』（共訳、岩波書店）、『科学・技術と現代社会』（みすず書房）、『宇宙論と神』『物理学と神』（いずれも集英社新書）、『科学の限界』（ちくま新書）、『科学と人間の不協和音』（角川新書）など多数。

篠田正浩（しのだ・まさひろ）

1931年岐阜県生まれ。1953年早稲田大学文学部演劇科卒業。松竹撮影所に入社。1960年、《恋の片道切符》で監督となる。その後松竹ヌーベル・ヴァーグとして前衛的な作品を発表。1966年、松竹を退社してフリーとなる。1967年、独立プロ「表現社」を設立し、自主制作を始める。主な作品に《心中天網島》（1969）、《沈黙》（1971）、《瀬戸内少年野球団》（1984）、《鑓の権三》（1986、ベルリン映画祭銀熊賞受賞）、《少年時代》（1990）、《写楽》（1995）、《梟の城》（1999）、《スパイ・ゾルゲ》（2003）など多数。著作に『河原者ノススメ—死穢と修羅の記憶』（幻戯書房2009年、泉鏡花文学賞授賞）ほか。最新刊は『路上の義経』（2013年、幻戯書房）。

山田太一（やまだ・たいち）

1934年浅草で生まれ、早稲田大学を卒業して松竹映画の大船撮影所に助監督として入社。主として木下恵介監督の元で働き、監督のテレビドラマへの進出に従って、三十歳で退社して、以降テレビドラマのライターとなって現在に至る。「それぞれの秋」「岸辺のアルバム」「想い出づくり」「ふぞろいの林檎たち」「男たちの旅路」「早春スケッチブック」。近作に「時は立ちどまらない」「五年目のひとり」など。小説に『異人たちとの夏』などがある。

編者　宮脇俊文（みやわき・としふみ）

1953年神戸生まれ。上智大学大学院修士課程修了。成蹊大学教授（アメリカ文学）。2007年秋、ミネソタ大学客員教授。著書に『村上春樹を読む。―全小説と作品キーワード』（イーストプレス）、『アメリカの消失―ハイウェイよ、再び』（水曜社）、『グレート・ギャツビーの世界―ダークブルーの夢』（青土社）、共編著書に『レイ、ぼくらと話そう―レイモンド・カーヴァー論集』（南雲堂）、『ニュー・ジャズ・スタディーズ―ジャズ研究の新たな領域へ』（アルテスパブリッシング）など。

映《えい》画《が》は文学《ぶんがく》をあきらめない

―ひとつの物語《ものがたり》からもうひとつの物語《ものがたり》へ

発行日　二〇一七年三月七日　初版第一刷

編者　宮脇 俊文

発行人　仙道 弘生

発行所　株式会社 水曜社

〒160－0022 東京都新宿区新宿一－一四－一二

電　話　〇三－三三五一－八七六八

ファックス　〇三－五三六二－七二七九

URL：suiyosha.hondana.jp/

装幀　大森 裕二

本文DTP　宇津 徹郎

印刷　シナノ印刷株式会社

ISBN 978-4-88065-402-7 C0074